禮俗之間——敦煌書儀散論
下冊

吳麗娛 著

目次

下編

禮儀與民俗

八 試論晚唐五代的客司、客將與客省*

　　賓禮是《周禮》五禮之一。賓即是客，賓禮在中古前期的魏晉尚包括所謂「朝宗、覲遇、會同之制」[1]；到了唐代，則具體內容減少，對內唐前期只有「二王三恪」，不過於朝廷舉行大儀式時備賓客之位；對外即為朝廷接待蕃國來客的禮儀[2]。《唐六典》卷四禮部員外郎條記開元五禮「二曰賓禮，其儀有六」完全針對蕃國蕃使[3]，主掌其事務的機構是鴻臚寺。但是唐後期五代藩鎮體制下，所謂客禮卻有了對「內」賓而言的新含義。與之相關，中央和地方都出現了專門接待彼此出使來客的新機構：在中央是客省和客省使，在地方與之相對應的則是客司與客將。關於客省和客省使，趙雨樂在探討唐代各種宦官使職時已

---

*　原載《中國史研究》2002 年第 4 期，第 69-82 頁。

1　《晉書》卷二一《禮志下》，中華書局 1974 年版，第 649 頁。

2　按任爽《唐代禮制研究》指出，社會結構與政治體制的變化促使立志禮製作適應性的調整，「古賓禮中被刪減的部分並未全遭廢棄，而是隨著君臣關係的演變轉化為朝儀，成為嘉禮中的內容」，可為確論。東北師範大學出版社 1999 年版，第 91-92 頁。

3　陳仲夫點校：《唐六典》卷四《禮部》，中華書局 1992 年版，第 111 頁。

有涉及，並指出其作為唐五代內諸司使中禮儀職司出現及其升遷次序和職級地位[4]。黎虎也注意到客省的存在及其外交職能[5]。另外，周藤吉之最早提到了五代藩鎮武職系統內的客將問題[6]，近年馮培紅也就敦煌歸義軍中的客司機構和職能作了分析[7]。只是對於以上職司的設置發展及其在對內禮儀方面的交互作用尚乏對比和深入全面的論述。敦煌書儀中相關書啟的出現，在這方面給我們以很大啟發，研究晚唐以後中央地方的禮儀交接問題，顯然不可不注意到它們的存在及彼此關係。

（一）客將、客司——藩鎮的禮儀職司

1. 客司和客將的出現

敦煌 P.4092《新集雜別紙》是五代後唐之際一件供藩鎮官員與四方交往所用的書儀。在明顯是致節鎮幕府官員的別紙中，有「知客」一首：

比以一間光塵，屢移歲序；空馳魂夢，莫遂披承。昨者軒車到州，方獲款晤；雖慰傾魁之懇，實乖迎佇之儀。曾未啟申，遽然違

---

4 趙雨樂：《唐宋變革期之軍政制度——官僚機構與等級之編成》第二章之壹《內諸司使之成立過程》，第四章之參《五代內諸司使間之職級初探》，文史哲出版社 1994 年版，第 60-61、171-174 頁。

5 黎虎：《漢唐外交制度史》第九章第一節《中書省的外交職能》之三，蘭州大學出版社 1998 年版，第 371-373 頁。

6 〔日〕周藤吉之：《五代節度使の支配體制》，載《史學雜誌》第 61 編第 4、6 期，1952 年 4、6 月；《五代節度使の牙軍に關する一考察——部曲との關聯にゎいて》，《東洋文化研究所紀要》2，1951 年 9 月。

7 馮培紅：《客司與歸義軍的外交活動》，載《敦煌學輯刊》1999 年第 1 期，第 72-84 頁。

遠，悚惕依戀，豈任下情。[8]

這封書信的大意是表達對知客的感念之情。寫信人也是藩鎮官員，「雖慰傾翹之懇，實乖迎佇之儀」，說明他在「軒車到州」時，曾受到知客的禮待，故匆匆離去後，要向知客再致謝意和想念之情。

知客在地方亦稱典客。《舊五代史·劉捍傳》稱「劉捍，開封人。父行仙，宣武軍大將。捍少為牙職，太祖初鎮夷門，以捍聰敏，擢副典客」。同書《張遵誨傳》，言其原為魏州人，投奔太原，「武皇以為牙門將。莊宗定山東，遵誨以典客從，歷幽、鎮二府馬步都虞候」[9]。同書《周太祖紀》載廣順元年（951）正月丁卯制稱「其先于在京諸司差軍將充諸州郡元從都押衙、孔目官、內知客等，並可停廢，仍勒卻還舊處職役」[10]，亦有諸州郡「內知客」之名。《五代史補》卷三記歐陽彬世為縣吏，「馬氏之有湖南也，彬將希其用，乃攜所著詣府。求見之禮，必先通名紙。有掌客吏，眾謂樊知客，好賄，陰使人謂彬曰：『足下之來，非徒然也，實欲顯族致身，而不以一物為貺，其可乎？』彬恥以賄進，竟不與。既而樊氏怒，擲名紙于地曰：『豈吏人之子欲干謁王侯耶！』彬深恨之，因退而為詩曰：『無錢將乞樊知客，名紙生毛不為通。』」[11]

無錢買通知客，即不予通名傳達，是藩鎮或州郡知客之職首在送

8　《法藏》（31），錄文參見趙和平：《敦煌表狀箋啟書儀輯校》，江蘇古籍出版社 1997 年版。以下不再說明。

9　《舊五代史》卷二〇《劉捍傳》，卷六一《張遵誨傳》；中華書局 1976 年版，第 271、824 頁。

10　《舊五代史》卷一一〇《周太祖紀》一，第 1460 頁。

11　《五代史補》卷三《歐陽彬入蜀》，《五代史書彙編》乙編，杭州出版社 2004 年版，第 2503-2504 頁。

往迎來。晚唐五代中央與地方、藩鎮與藩鎮之間往來頻繁，須有專門待客的職司，但典客與知客者皆非其正式職名。《舊五代史‧李守貞傳》記其「少桀黠落魄，事本郡為牙將。晉高祖鎮河陽，用為典客」。《新五代史》本傳略同，唯「用為典客」作「以為客將」[12]。又前述副典客劉捍，《新五代史》本傳說他「為人明敏有威儀，善擯（儐？）贊。（梁）太祖初鎮宣武，以為客將」[13]，知典客的正式名稱就是客將。客將，《資治通鑑》卷二五八昭宗大順二年（891）三月條胡三省註以為「主唱導，儐贊賓客，漢、晉鈴下威儀之職」。同書卷二五八昭宗天復三年（903）五月條註又稱：「今閫府州軍皆有客將，主贊導賓客，蓋古之舍人、中涓，漢之鈴下、威儀之職。唐末藩鎮置客將，往往升轉至大官，位望不輕。」[14]

案：客將一稱多見記載，其所在機構便是客司。前揭馮培紅文，即提出客司是敦煌歸義軍節度使府內機構之一，負責歸義軍與周邊政權之間的外事交往活動。並指出客司的長官為都客將，一般由節度押衙兼領，下屬又有知客或客將等。但客將客司非歸義軍所獨有，它們不過是歸義軍借鑑內地藩鎮的產物。只是見於文獻無「都客將」之名，而是只有客將、典客或知客以及副典客，也多指客司的負責將吏。此

12　《舊五代史》卷一〇九《李守貞傳》，第 1437 頁；《新五代史》卷五二《李守貞傳》，中華書局 1974 年版，第 594 頁。

13　《新五代史》卷二一《劉捍傳》，第 219 頁。

14　《資治通鑑》卷二五八，卷二六四，中華書局 1956 年版，第 8413、8610 頁。

外又有「客司小將」[15]、「客司小子弟」[16]、「客司十將」[17]等名，他們應當也是客將或客司之職屬。此類人物初始官職不高，但不乏有才能者，如曾為「客司小子弟」的李勳後竟中舉，亦領藩鎮為節度使。

2. 客司、客將的典客之責

客司、客將屬於武職系統，但顯然並不是藩鎮設立的一般武將官職。如唐末馬嗣勳世為軍吏。因「有口辯，習武藝，初為州客將」；後歸朱全忠，任副典客，「頗稱任使」。宋令詢「閔帝在藩時，補為客將。知書樂善，動皆由禮」。張筠曾被時溥擢為偏將，「累有軍功」，後被朱全忠俘獲，「梁方圖霸業，以筠言貌辯秀，命為四鎮客將」[18]。以言貌辯秀、知書懂禮的特點被命為客將，顯然是與客將職能有關的。唐後期五代，來到藩鎮州府的人員非常複雜，有朝廷來使、過往官員、他方將吏、文人學子。所以客司客將的第一大職務便是應接、引見、招待各方面的來人來使。

崔致遠《桂苑筆耕集》有《與客將書》一首。這件書啟說明崔致遠曾以一介書生遠投藩鎮（即書中的相公、淮南節度使高駢），在「無媒進取」的情況下求助客將。書中極力渲染自己「卻緣雖曾食祿，未

15　（五代）孫光憲撰，賈二強點校：《北夢瑣言》卷三《李太師光顏選佳婿》，中華書局 2002 年版，第 45 頁。

16　《北夢瑣言》卷三《李勳尚書發憤》，第 52 頁。

17　《全唐文補遺》（五）《大吳越國明周州故汝南郡袁府君（從章）墓銘並序》，三秦出版社 1998 年版，第 446 頁。按十將乃藩鎮武將職名之一，此處為客將所帶軍職。參見齊陳駿、馮培紅：《晚唐五代歸義軍政權中「十將」及下屬諸職考》，載敦煌研究院編《段文傑敦煌研究五十年紀念文集》，世界圖書出版公司北京公司 1996 年版；收入《敦煌歸義軍史專題研究》，蘭州大學出版社 1997 年版，第 25-35 頁；賈志剛：《從唐代墓誌再析十將》，載《'98 法門寺唐文化國際學術討論會論文集》，陝西人民出版社 2000 年版，第 408-412 頁。

18　以上分見《舊五代史》卷二〇、卷六六、卷九〇，第 274、880-881、1181 頁。

免憂貧；趙囊則到處長空，范甑則何時暫熱」的窮愁落魄之境，感謝「將軍」（客將）「許垂拯拔，每賜吹噓」，使自己「得遂獻投」；為了使自己能獲得重用，就連「今欲專修啟事，再獻相公」的事也要與客將商量[19]。說明來人來使，甚至到藩鎮來謀事的人想要見到使主，都必須通過客將介紹安排。客將的推薦是很起作用的，他的職務在某種意義上十分關鍵。

在接待的過程中，一應相關食宿宴設等事，自然也由客司和客將負責。《洛陽縉紳舊聞記》記載了進士杜荀鶴見梁太祖和午間由掌客設食，攔住不放歸和生病期間由「客司守之，供侍湯藥」的情況[20]。遇有宴會，客司理當安排人選。《玉泉子》記襄州節度使裴均設宴，因「客司漏名」，致使鄭滑館驛巡官裴弘泰耽誤了赴宴[21]。《資治通鑑》卷二八三言閩國主王曦（延羲）暴戾，天福七年（942）八月丙寅，「宴群臣于九龍殿。從子繼柔不能飲，強之。繼柔私減其酒，曦怒，並客將斬之」[22]。是客將於宴會中還當祝酒勸酒，招待客人。由此推測，宴會的主持或贊禮人也是客將。

《桂苑筆耕集》還有《客將哥舒瓘兼充樂營使》墨敕牒一件，內稱「久委賓司，既見與言之可使；俾兼樂職，必期飾喜之克諧。爾其有禮為先，無荒是誠；迎送于燕臺鄭驛，指蹤于回雪遏云。勿使英賢，或

19　（唐）崔致遠：《桂苑筆耕集》卷一九《與客將書》，《韓國文集叢刊》1，首爾：景仁文化社 1996 年版，第 117-118 頁。

20　（宋）張齊賢：《洛陽縉紳舊聞記》卷一《梁太祖優待文士》，《五代史書彙編》乙編，第 2387-2389 頁。

21　《玉泉子》，中華書局 1958 年版，第 25 頁。又如（唐）范攄《雲溪友議》卷下《雜嘲戲》：「麻衣黎瓘者，南海狂生也，游于漳州，頻于席上喧酗，鄉飲之日，諸賓悉赴，客司獨不召瓘。」與此類似。古典文學出版社 1957 年版，第 77 頁。

22　《資治通鑑》卷二八三，第 9240 頁。

發養痾之誚；須令豔麗，先緘笑矍之聲。事須兼充樂營使」[23]。事涉「樂營使」是何等官職。藩鎮皆有樂營，樂者，聲伎也。「迎送于燕臺鄭驛，指蹤于回雪遏云」是客將迎來送往的常務。由於安排宴饌的同時，少不了歌舞伎樂，於是「須令豔麗，先緘笑矍之聲」。原來，樂營使就是管理這些「豔麗」或者稱營妓的。以客將之職兼充樂營使，是配合他的工作需要。

另外更重要的是客將還要掌握接待中的具體儀節。《東坡志林》卷七記曰：

徐寅，唐末號能賦。謁朱全忠誤犯其諱，全忠色變，寅狼狽走出。未及門，全忠呼知客將，責以不先告語，斬于界石南。[24]

誤犯節度使諱是大失禮，客將預先提醒是必須的，否則即得罪。當然接待朝廷或其他地方來使時，禮節更是有其特殊的講究和含義。《北夢瑣言》卷五記曰：

唐薛廷珪少師，右族名流，仕于衰世。梁太祖兵力日強，朝廷傾動，漸自尊大，天下懼之。孤卿（即少師，指薛廷珪）為四鎮官告使，夷門客將劉翰（捍？）先來類會，恐申中外，孤卿佯言不會，謂謁者曰：「某無德，安敢輒受令公拜。」竟不為屈。[25]

23　《桂苑筆耕集》卷一四，第 83 頁。

24　（宋）蘇軾撰，王松齡點校：《東坡志林》卷七，《景印文淵閣四庫全書》第 863 冊，1981 年，第 68 頁。

25　（五代）孫光憲撰，賈二強點校：《北夢瑣言》卷五《薛少師拒中外事》，中華書局 2002 年版，第 105 頁。

　　何為「恐申中外」意不明。但此事可參見《新唐書‧薛逢附薛廷珪傳》：

　　子廷珪，進士及第。大順初，以司勳員外郎知制誥，遷中書舍人。從昭宗次華州，引拜左散騎常侍，稱疾免，客成都。光化中，復為舍人，累尚書左丞。朱全忠兼四鎮，廷珪以官告使至汴，客將先見，諷其拜，廷珪佯不曉，曰：「吾何德，敢受令公拜乎？」及見，卒不肯加禮。[26]

　　原來「恐申中外」就是恐怕來使要行藩鎮拜朝廷之禮，這是正常情況下應有的儀節，但客將卻要求官告使先拜朱全忠，薛廷珪只好佯裝不懂，反說自己不敢受朱全忠拜，就這樣避免了朝廷使臣反拜藩鎮的尷尬局面。

　　《冊府元龜》卷六六一《奉使部‧守節》：

　　李光序為散騎常侍，莊宗初平中原，與右拾遺曹琛往湖南馬殷冊命。先是，為梁中使往如鄰國禮，或呼殷為殿下，賓幕皆有丞郎給舍之目。光序等至，客司先會謁殷之禮，須遵梁朝舊事。琛謂之曰：「豈有湖南令公稱藩事唐室，復欲天使稱臣哉！如不受唐冊命改圖，即任所為。」既見殷，但呼公而已，其餘學士舍人但呼為判官書記。[27]

這裡記載了馬殷由對梁行鄰國禮到對唐行屬國禮的過程。「客司先會謁

26　《新唐書》卷二〇三《薛逢附薛廷珪傳》，第 5794 頁。

27　《冊府元龜》卷六六一《奉使部‧守節》，中華書局 1960 年版，第 7914 頁。

殷之禮，須尊梁朝舊事」，說明是通過客司來貫徹禮儀宗旨的。並且無論是朝廷或他方來人來使，抑或本藩鎮內部上下級之間，應行何種等級的禮儀都由客將掌知並預告。客司客將作為藩鎮禮賓司的作用由是而知。

3. 客司客將的出使交接之職

客將的第二大職能是承擔藩鎮間（有時是敵對雙方）的交接和對外出使之務。這一點也與歸義軍相似。但與歸義軍四鄰多是少數族政權不同，內地的藩鎮須協調處理的主要是與朝廷和其他藩鎮的關係，或是藩鎮間的事務，其間多與客將有關。

《舊五代史‧梁太祖紀》記天祐三年（906）朱全忠借幽、滄稱兵密謀攻魏，借女死遣客將馬嗣勳帶同人馬入鄴城設祭，結果取鄴計謀得手。同書《朱瑾傳》記乾寧二年（895）春，朱全忠令大將朱友恭攻瑾，後以瑾偽遣牙將瑚兒持書幣送降，即遣客將劉捍去接洽受降之儀[28]。幽州節度使劉守光被晉將周德威圍經年，累戰常敗，乃遣客將王遵化致書於周。後守光被擒，仍由客將引來見晉王[29]，也說明客將在兩軍作戰中的協調溝通和禮儀作用。

至於客將充當使節的情況更是史不絕書。如前述梁太祖客將劉捍，曾迫使王鎔定城下之盟，此事據《資治通鑑》卷二六二光化三年（900）載情節曲折，但劉捍的作用顯然很關鍵。所以當「太祖迎昭宗于岐下」，便以劉捍為親軍指揮。「天復三年（903）正旦，宋文通（即李茂貞）令客將郭啟奇使于太祖，命捍覆命。昭宗聞其至，即召見，

28　參見《舊五代史》卷二《梁太祖紀》，卷一三《朱瑾傳》，第39、172頁。

29　《新五代史》卷三九《劉守光傳》，第426-427頁。

詢東兵之事，仍以錦服、銀鞍勒馬賜之」[30]，劉捍與李氏客將郭啟奇往返覆命，成為朱全忠與朝廷和鳳翔方面聯絡的使者。

　　五代十國時期，客將來往於藩鎮或割據政權之間，活動十分頻繁。光啟三年（887）唐廷以淮南久亂，命朱全忠兼淮南節度使。「全忠遣內客將張廷范致朝命于楊行密，以行密為淮南節度副使」[31]。《吳越備史・忠獻王》記開運三年（946）冬十月，南唐攻福州，閩威武節度使李弘達「遣客將徐仁宴李廷諤等，求救于王」[32]。《新五代史・南唐世家》記後漢李守貞反河中，遣其客將朱元來向唐主李璟求援。廣順元年，楚馬希崇代馬希萼，國人不附。部下徐威等「欲殺希崇以自解。希崇微覺之，大懼，密遣客將范守牧等奉表請兵于唐」[33]。南平王高保融當周世宗征淮之際，「又遣客將劉扶奉箋南唐，勸其內附」[34]。這些活動包括冊命、求援、稱臣、勸降，其身分可稱是禮儀使者。與蕃國的交往也同樣少不了客將。如劉知遠勾結契丹，即「遣客將安陽王峻奉三表詣契丹主」[35]；其中客將所起的作用，亦屬奉表請降的禮儀使範圍。

　　以上客司、客將對內對外所承擔的要務，使之成為藩鎮不可缺少的重要機構和官職，以致發展到其他一些使職如三司下諸道鹽鐵轉運

30　參見《資治通鑑》第 8534 頁，《舊五代史》卷二〇《劉捍傳》，第 271 頁。按據傳記「光化三年六月，太祖北伐鎮、定，至常山，而王鎔危懼，送款于太祖，命捍入壁門傳喻。時兩軍未整，守門者戈戟千匝，捍持旗而入，竟達其命」，捍為其間主要連繫人。

31　《資治通鑑》卷二五七，第 8371 頁。

32　（宋）錢儼：《吳越備史》卷三，《景印文淵閣四庫全書》第 464 冊，第 557 頁。

33　《資治通鑑》卷二九〇，第 9465 頁。

34　《新五代史》卷六九《南平世家》，第 859 頁。

35　《資治通鑑》卷二八六天福十二年，第 9335-9336 頁。

使額職員中也有「客司通引」官[36]。《冊府元龜》卷四七六《臺省部·奏議》七記天福三年三月中書舍人李祥上疏奏節度刺史州衙前職員等事，提出「節度州只許奏都押衙、都虞候、教練使、客將、孔目官，及有朱記大將十人」，其中便有客將。事實上客將既由節度使奏署，便常常是節度使的心腹。他們在藩鎮接待四方來客，在征討或結盟過程中充當使者，是藩鎮形象的代言人。《益州名畫錄》捲上記一則頗有代表性。此則言大中年杜相公惊鎮蜀，起淨眾等寺門屋，請善畫者陳皓、彭堅二人「各畫天王一堵，各令一客將伴之」[37]，充分喻示客將對藩鎮的意義。而客將本人在交往過程中的歷練與因此而建立的諸種關係，也可能使他們更易建功立業，或蒙重用。《舊五代史·劉捍傳》言「捍便習賓贊，善于將迎，自司賓局及征討四出，必預其間，雖無決戰爭鋒之績，而承命奔走，敷揚命令，勤干蒞職，以至崇顯焉」[38]。同樣，李守貞雖然最初只是「河陽一客司耳」，且「不習戎行」；但是「善接英豪，得人死力」，也聚集力量成為一方叛主[39]。後唐宰相范延光和任永平軍節度使、西京留守的張筠，後晉宰相景延廣更是從藩鎮客將者「往往升至大官」的顯例[40]。而由藩鎮客將遷轉任朝廷閤門使、引進使、客省使則是客將升遷的一條通路，其中又以任客省使者為最多。

36　《五代會要》卷二四《建昌宮使》長興四年正月，上海古籍出版社 1978 年版，第 380 頁。

37　（宋）黃休復撰，劉石校點：《益州名畫錄》卷上《妙格上品六人·陳皓》，《五代史書彙編》丙編，第 623 頁。

38　《舊五代史》卷二〇《劉捍傳》，第 272 頁。

39　《舊五代史》卷一一〇《周太祖紀》，第 1450 頁。

40　范延光任客將見《舊五代史》卷三五《明宗紀》，同光四年四月乙未條下，第 492 頁。景延廣事見《舊五代史》卷八八本傳，第 1143 頁。

（二）客省、客省使——中央機構中的客司客將

1. 客省與客省使的設立發展

客將、客司雖然多見於晚唐五代，卻並不能認為就是藩鎮的創造。事實上在有藩鎮的客將客司之前，中央機構中早已有了客省和客省使。

客省作為朝廷留止賓客的機構大約南朝即有。《宋書·范曄傳》記文帝因徐湛之揭發范曄等作亂，「其夜，先呼曄及朝臣集華林東閣，止于客省」[41]。華林東閣是殿名，明客省是在宮中。《資治通鑑》胡註謂「客省，凡四方之客入見者居之，屬典客令」[42]。《北史·元德太子昭傳》:「及聞蕭妃在并州有娠，迎置大興宮之客省。」[43]是隋大興宮內也有客省。

大約是由於客省置於宮內，故唐初太極宮內的客省便稱為內客省。《資治通鑑》載玄宗開元元年（713）秋七月「甲子，上因王毛仲取閑廐馬及兵三百餘人，自武德殿入虔化門，召〔常〕元楷、〔李〕慈，先斬之，擒〔賈〕膺福、〔李〕猷于內客省出」。胡註曰:「四方館隸中書省，故內客省在焉。中書省在太極門之右。膺福、猷皆中書省官也」[44]。四方館是各地上達文書的機構，故胡註將它與賓客留居的內客省連繫起來是對的。清人徐松《唐兩京城坊考》於「右延明門外為

41　《宋書》卷六九《范曄傳》，中華書局 1974 年版，第 1825 頁。

42　《資治通鑑》卷一二四，第 3918 頁。

43　《北史》卷七一《隋宗室諸王·元德太子昭傳》，中華書局 1974 年版，第 2474 頁。

44　《資治通鑑》卷二一〇，第 6683 頁。

中書省」下即明謂「省內有內客省」，並引《通鑑》及胡註為證[45]。應
當注意的是，這個「內客省」與《唐六典》卷一八《鴻臚寺》典客署
所說「凡酋渠首領朝見者，則館而以禮供之」的客館不是一回事。鴻
臚客館，據宋敏求《長安志》卷七應當是在宮城之外，「承天門街之
西，第七橫街之北」，「從東第一，鴻臚寺；次西，鴻臚客館」。另外它
在隋煬帝時曾稱四方館，但唐代以四方館隸中書受四方章表，於是鴻
臚寺典客署便另置接待四夷使者的客館[46]，說明地方和外夷事務是有所
劃分的。唐代客省的設置臨近中書省，基本上可以認為是接待來自地
方的「內」賓。黎虎認為客省隸屬於中書省[47]，從最初的情況看有可能
是如此。另外東都洛陽也有客省。《唐六典》卷七工部郎中條下記上陽
宮「玉京〔門〕之西曰客省院」。作為陪都的客省院，其性質應同於在
長安宮內的客省。

　　不過到了唐後期，長安太極宮的客省被遷至大明宮右銀臺門內，
開始成為隸屬宮內的機構。《唐會要·鴻臚寺》記客省曾一度因來人眾
多而費用過多：

　　大曆四年（769）七月，詔罷給客省之廩，每歲一萬三千斛。永泰
已後，益以多事，四方奏計，或連歲不遣，仍于右銀臺門置客省以居
之。上書言事者常百餘人，蕃戎將吏，又數十百人，其費甚矣，至是

45　按據（宋）宋敏求《長安志》卷七（《景印文淵閣四庫全書》第 587 冊，第 120 頁）「承
　　天門街之西宮城之南，第二橫街之北，從東第一中書外省，次西四方館^{隋曰「謁者臺，}_{即諸方通」表通}表通
　　事舍人受之司。」所說，四方館是在宮城之外的中書外省；而內客省所在的延明門，距太極
　　宮正殿太極殿和中書內省較近，與四方館尚不在一處。

46　見《隋書》卷二八《百官志》下，中華書局 1973 年版，第 798 頁。並參石曉軍：《隋
　　唐四方館考略》，《唐研究》第 7 卷，2001 年，第 311-325 頁。

47　黎虎：《漢唐外交制度史》，第 372 頁。

皆罷。[48]

　　此事《舊唐書》卷一二《德宗紀》上和《資治通鑑》卷二二五均記在大曆十四年七月，《通鑑》且明謂右銀臺門客省是代宗所置。這時唐帝居處、朝見都在大明宮，右銀臺門距宮內中書門下宰相機構所在的日華門、月華門都不太遠。安史之亂後，朝廷要應對的「四方奏計」、「蕃戎將吏」諸事龐雜，右銀臺門成為宮廷內外的交接處。肅宗時，宦官李輔國就曾「每日於銀臺門決天下事」[49]。客省置於此，大概也是為了上書言事的方便，不過這造成了客省接待之務和停留人員過多。其結果是更增加了度支的負擔。

　　客省的混亂是和代宗朝內外政治經濟治理無序有關的。但是這樣一來，客省接待的來人來客甚至有些內外不分。所謂「蕃夷貢獻未報」似乎不止於藩鎮地方，還有一些長留朝廷的少數民族。所以德宗在清理和省費的過程中，對客省職能重新作了規劃。除了接受貢獻和朝觀的具體儀節外，少數民族入朝的一般居處接待之事有可能不再經由客省，而由唐後期設置的鴻臚禮賓使及代替客館的禮賓院負責[50]，客省主要是對「內」的職務大概從此更明確了。

　　可能由於客省仍置在宮內，所以唐史料提到客省有時也稱內客

48　《唐會要》卷六六《鴻臚寺》，第 1361 頁。

49　《冊府元龜》卷三一七《宰輔部・正直》二李峴條，中華書局 1960 年版，第 3742 頁。

50　按：黎虎《漢唐外交制度史》一書（第 371-373 頁）認為，客省的主要功能是收留兩部分人員：國內的和蕃國的。後者與鴻臚寺相類。「但是鴻臚寺所居蕃客是一般的外交人員，客省所居是因故尚未能及時報答的一部分特殊的外交人員。」筆者認為，唐後期客省職責內重於外。《唐會要》卷六六《鴻臚寺》（第 1361 頁）：「（天寶）十三載二月二十七日，禮賓院自今後，宜令鴻臚勾當檢校，應緣供擬，一物以上，並令鴻臚勾當。」疑此禮賓院在接待蕃客方面已代替客館。

省。《新唐書‧元載傳》記李少良罷官游京師，疏論元載罪惡，「帝留少良客省，欲究其事」。同傳又載大曆八年，有晉州男子郇謨欲獻字以言時事。「京兆以聞，帝召見，賜以衣，館內客省。」[51]從史料看不出兩者的不同。《通鑑》卷二二四大曆八年郇謨「館于客省」事下胡註「時于右銀臺門置客省」一段引上述大曆十四年史料，說明郇謨所在的內客省即大明宮客省。一九七八年出土的《大唐重修內侍省之碑》記載了乾寧三年（896）以前內外官局的修葺情況，其中便提到客省[52]，也可以證明客省就是內客省。

唐後期長安大明宮的客省於是成為主要招待地方來使的機構。史載德宗貞元四年（788）九月丙午詔節日文武百僚追賞為樂，宰相以下賜錢中有「客省奏事共賜錢一百貫文，委度支每節前五日支付，永為長式」[53]。這個「客省奏事」，《唐會要》卷二九《追賞》同條作「各（按當作「客」）省諸道奏事官」，看來諸道奏事官是可以住在客省裡的。客省還拘留了一批前來投誠的叛鎮官員如李惟岳弟惟簡、朱滔判官鄭云達之輩[54]。所以陸贄指出德宗自建中以後對於從藩鎮來人來訪者都一律不信任，「咸使拘留，謂之安置。或詰責而寘于客省，或勞慰而延于紫庭。雖呵獎頗異其辭，然于圈閉一也。既杜出入，勢同狴牢，解釋無期，死生莫測，守護且峻，家私不通，一遭縶維，動歷年歲，想其痛憤，何可勝言！」[55]可見客省在宮禁高牆之內，還可以用作軟禁地方來

---

51 《新唐書》卷一四五《元載傳》，第4715頁。

52 見保全《唐重修內侍省碑出土記》，《考古與文物》1983年第4期，第38-44頁。

53 《舊唐書》卷一三《德宗紀》下，第366頁。

54 參見《新唐書》卷二一一《藩鎮鎮冀》，第5950頁；《舊唐書》卷一三七《鄭云達傳》，第3770頁。

55 陸贄撰，王素點校：《陸贄集》卷一五《興元論續從賊中赴行在官等狀》，中華書局2006年版，第475頁。

人來使的處所。而無論是從地處宮內還是從主要招待地方來「賓」的意義看，稱為「內客省」都是恰如其分的。

2. 客省和客省使的對「內」禮儀之務

客省既在宮內，則唐後期即設置由宦官充任的客省使予以管理。客省使除了負責接待地方來使，還有更重要的上傳下達等禮儀節目。《職官分紀》卷四四客省「使、副使」條稱「五代梁有客省使，國朝因之，掌四方進奏及四夷朝貢牧伯朝覲賜酒饌饗飧、宰相近臣禁將軍校節儀、諸州進奉使賜物回詔之事」可以說明[56]。掌四方進奏和賜物回詔即上達四夷使者和地方奏章並傳宣詔命，負責內外上下之禮儀交接，而掌進奏又須與引進、閤門使等相配合。此點趙雨樂前揭書已指出，並據《唐會要》等史料提出客省使在大明宮右銀臺門，「如閤門使般承受外廷奏章，再通傳君主之處分。但是，與閤門使比較，客省使之處理奏章對象似為地方之武臣，亦即『蕃戎將吏』之事務。臣僚奏章之傳遞方式，往往是先經客省使繼而進呈至閤門，反映了客省使與閤門使之配合關係」。這一看法無疑很正確，但兩使比較職能畢竟有所區別。據《職官分紀》同卷閤門使副使「掌供奉乘輿、朝會、游幸大宴，及贊引親王宰相百僚蕃客朝見辭〔退？〕、糾彈失儀」[57]。他們所負責的主要是朝見時一般性的傳宣贊引和糾彈之儀，即宋人所謂「閤門官日日引班，乃今郡典謁吏耳」[58]；但客省使在接受和處理奏章方面卻似乎更直接而權力更重。

56　（宋）孫逢吉：《職官分紀》卷四四，中華書局 1988 年版，第 815 頁。

57　《職官分紀》卷四四，第 816 頁。

58　參見（宋）岳珂：《桯史》卷四《一言悟主》，《景印文淵閣四庫全書》第 1039 冊，第 438 頁；（宋）周必大：《文忠集》卷六一《資政殿大學士贈銀青光祿大夫范公（成大）神道碑》，《景印文淵閣四庫全書》第 1147 冊，第 645-646 頁。

　　根據史料記載，唐後期地方表章箋奏的遞交可以有兩條路，一條即前章已述通過中書省四方館，另一條即客省；前者據鄭餘慶書儀可以通過館驛遞交，後者卻是由藩鎮或州郡派人專達。《舊唐書・文宗紀》記大和九年（835）甘露事變發生後，次年（開成元年，836）三月「昭義節度使劉從諫三上疏，問王涯罪名，內官仇士良聞之惕懼。是日（庚申），從諫遣焦楚長入奏，于客省進狀，請面對。上召楚長慰諭遣之」[59]；是一例。從唐史料看兩者區別似不大。但一條是宮外一條是宮內，一條是中書一條是內廷，在傳達路徑和方式上都有遠近之別，而後者到達皇帝前可以更快更直接。所以到了五代，兩者便分成了公事內容上的輕重緩急。《舊五代史・太祖紀》開平三年（909）（《五代會要》卷五《雜錄》作元年）八月敕稱：

　　建國之初，用兵未罷，諸道章表，皆系軍機，不欲滯留，用防緩急。其諸道所有軍事申奏，宜令至右銀臺門委客省畫時引進。諸道公事，即依前四方館准例收接。[60]

　　這條史料説明，有關緊急軍事申奏的諸道章表，後梁規定是由客省引進的，這種做法其實是相沿唐朝客省傳遞藩鎮章表的舊制，説明通過客省是藩鎮上達軍機和與朝廷取得直接連繫的一條通路。必須指出的一點是，唐長安大明宮中的客省不但距離宰相機構的中書門下近，而且客省所在銀臺門與延英門基本在一條線上，也就是説距皇帝坐朝的延英殿不遠。五代客省的設置大概也本著這一原則，所以《五

59　《舊唐書》卷一七下《文宗紀》，第 564 頁。

60　《舊五代史》卷四《太祖紀》，第 72 頁；《冊府元龜》卷一九一《閏位部・立法制》，第 2304 頁。並參《五代會要》卷五，上海古籍出版社 1978 年版，第 82 頁。

代會要・開延英儀》有「南班揖班退，于客省就食」的規定，而《職官分紀》卷四四也說「國朝客省在閤門之西」[61]。這可以理解為什麼通過客省遞表奏事方便，以及客省與閤門、引進等使在傳接上的配合。當然由於職務的相通與兩者本來的連繫，我們也不能認為客省使與四方館完全無關。《職官分紀》同卷在「四方館」條下說「國朝四方館在朝堂門外，使客（按「客」當作「闕」）則客省、引進、閤門使副兼掌」，四方館由諸使兼掌的情況五代以來其實已很普遍，它只能進一步說明諸使與四方館在上傳下達功能上的共性。

《新唐書・宦者》下：

> 天子入全忠軍，全忠泥首素服，待罪客省，傳呼徹三仗，有詔釋全忠罪，使朝服見。[62]

天復三年（903）朱全忠進軍鳳翔城下，唐朝廷藉助平盧節度使王師範等力使朱全忠暫時受挫。但此事《資治通鑑》記作：「（正月）甲子，車駕出鳳翔，幸全忠營。全忠素服待罪；命客省使宣旨釋罪，去三仗，止報平安，以公服入謝。」[63]與《新唐書》略不同。案此時昭宗既至鳳翔，則朱全忠不可能在大明宮客省，事實當如《通鑑》所記。胡三省於「命客省使宣旨釋罪」下註曰：「時客省使，蓋通知閤門事，故令宣旨釋罪。」但這個解釋並不一定正確。按照《職官分紀》所說「四夷朝貢、牧伯朝覲賜酒饌饗餼，宰相近臣禁將軍校節儀」，客省使

61　《五代會要》卷六《開延英儀》，第 92 頁；《職官分紀》卷四四《客省》，第 815 頁，下引《四方館》同。

62　《新唐書》卷二〇八《宦者》下，第 5901 頁。

63　《資治通鑑》卷二六三，第 8593-8594 頁。

須依禮節處置、調停朝廷與「四夷」或「牧伯」間的矛盾關係，如上述「宣旨釋罪」和引進章表都是處理和藩鎮關係的具體表現，其中包含的絕不只是形式。

3. 客省使的五代特色

正是由於這一代表朝廷的禮儀交接作用，所以客省使是晚唐內職中的重要職務。客省使之上五代中原朝廷又設內客省使。《集古錄》卷九述《康約言碑》跋尾記墓主於文宗太和開成間曾任河東監軍、鴻臚禮賓使、內外客省使，後升至宣徽北院副使[64]，說明內外客省使在鴻臚禮賓使之上，宣徽使之下。大中四年（850）《唐故劉府君（士准）墓誌銘並序》記墓主長子劉重約職也為「內外客省使」[65]。內外者，不知是否因職兼內外，但很可能已是五代分設客省使和內客省使的濫觴。《舊唐書·昭宗紀》記天復三年十二月辛巳，和宰相崔胤、張濬一起被汴州扈駕指揮使朱友諒誅殺的有皇城使王建勳、飛龍使陳班、閣門使王建襲、客省使王建乂等。自崔胤謀誅宦官以來，王建乂等幾乎是最後一批被殺的宦官當權者。而同卷載朱全忠天祐元年遷帝洛陽並將其身邊所有宦官盡數殺卻後，閏四月戊申，復「敕今後除留宣徽兩院、小馬坊、豐德庫、御廚、客省、閣門、飛龍、莊宅九使外，其餘並停」[66]，也說明和藩鎮打交道的客省使還是非留不可。五代時期，客省使不僅中原朝廷設立，即十國政權一旦建國稱帝，也往往將原來藩鎮時期的客司機構升格。如《蜀檮杌》卷上記開平元年（907）前蜀王建

64　（宋）歐陽修：《集古錄跋尾》卷九述《康約言碑》，記墓主於文宗太和、開成年間曾任河東監軍、鴻臚禮賓使、內外客省使。《石刻史料新編》第一輯（二四），新文豐出版公司1982年版，第17912頁。

65　《全唐文補遺》（三），三秦出版社1996年版，第226頁。

66　《舊唐書》卷二〇上《昭宗紀》，第778、780頁。

即皇帝位，十月下詔即有「客司為客省，樂營為教坊，使廚為御食廚」
等官司職名的改稱[67]。《資治通鑑》同光元年（923）二月記吳越王錢
鏐「始建國，儀衛名稱多如天子之制。置百官，有丞相、侍郎、郎中、
員外郎、客省等使」[68]。反之則降格。如楚馬氏臣服於南唐，唯有客司
客將而無客省。南唐當宋朝逼迫之際，不得不於開寶五年（972）二月
下令貶損儀制，改客省為延賓院[69]。不設客司者即有客省，官職機構的
上下，進一步說明客省是客司的替代，而客省使本身也愈益帶有藩鎮
的特色。

　　和藩鎮體制相配套的，是在朱全忠誅殺宦官後，原內諸司使身分
的變化。如趙雨樂前揭書所指出，內諸司使既可由朝廷的承旨、殿
直、供奉官的三班官正常遷轉，也可轉向軍職或由軍將直接升遷。「使
職與軍職之間，在五代藩鎮政權下，代表著兩種性質頗為相近之帝王
元從集團。故此，在轉遷之關係上，彼此有互通之趨向。」[70]五代閤門
使、客省使或者內客省使等的一個來源就是藩鎮的客將。如孟承誨，
本為（晉）高祖在藩鎮時客將，「高祖有天下，擢為閤門副使，累遷宣
徽使」。在遷宣徽使之前孟承誨還任過客省使及內客省使。劉繼勳亦為
晉高祖鎮鄴都時客將，「高祖愛其端謹，籍其名于帳下，從曆數鎮。及
即位，擢為閤門使」；閻晉卿「少仕并門，歷職至客將，（漢）高祖在
鎮，頗見信用。乾祐中，歷閤門使，判四方館」，後又任內客省使[71]。

67　（宋）張唐英撰，冉旭校點：《蜀檮杌》卷上，《五代史書彙編》丙編，第6073 頁。

68　《資治通鑑》卷二七二，第 8880 頁。

69　（宋）陸游：《南唐書》卷三《後主本紀》三，《景印文淵閣四庫全書》第464 冊，第
　　403 頁。

70　見《唐宋變革期之軍政制度──官僚機構與等級之編成》第三章之貳，第 127 頁。

71　分見《舊五代史》卷九六，卷八三《少帝紀》開運二年春正月癸卯條，第 1277-
　　1278、1099 頁；卷一〇七《閻晉卿傳》，第 1412 頁。

又如張遵誨、朱弘昭、李仁矩都是由後唐莊宗或明宗在藩的客將升為客省使或內客省使的[72]。王峻、李守貞、李彥韜等也有類似的經歷[73]。

以上客將升為閤門使或客省使、內客省使當然並不都是一步到位，但是任使職者多有藩鎮客將經歷畢竟說明其職能有相似之處。事實上客將在藩鎮的職務移到中央後肯定是擴大了。所以並不是都被客省使所繼承，根據《五代會要》等書記載，客省使、東西上閤門使和引進使都是後梁正式設立的使職[74]。上面已說明一般朝見辭退接引傳遞的「贊引」之務即委於閤門使及引進使，有時閤門使、引進使與客省使職務也有臨時交叉[75]。諸使之下又設副使，並設承旨等官。承旨、副使、使的設置說明客將的職司到中央後複雜和規範化了，但總體上說，在針對藩鎮地方的禮儀和交往方面這些單位是協同負責的，諸使的遷轉大體本著閤門使──引進使──客省使──內客省使──宣徽北院使──宣徽南院使的次序，這是使職遷轉中一條常見的途徑[76]。這一遷轉途徑說明，為處理中央地方關係而設的禮儀官職是五代中央機構內很核心的一部分，而其發展膨脹正是藩鎮格局下的一大特色。

4. 五代客省使的外交職能

五代客省使在處理與地方的關係和事務中作用一如既往，並可以

72　分見《舊五代史》卷六一《張遵誨傳》，卷六六《朱弘昭傳》，卷七〇《李仁矩傳》；第 824、876、931 頁。

73　分見《舊五代史》卷一三〇《王峻傳》，卷八八《李彥韜傳》；第 1711、1146 頁。《新五代史》卷五二《李守貞傳》，第 594 頁。

74　《五代會要》卷二四《諸使雜錄》梁朝諸司使名，第 388 頁。

75　如《資治通鑑》卷二六八梁太祖乾化元年（911）六月條《考異》引《大梁編遺錄》記「三月壬辰，差閤門使王瞳、受旨史彥章賚國禮賜幽州劉守光」，是為一例。第 8743 頁。

76　見趙雨樂：《唐宋變革期之軍政制度──官僚機構與等級之編成》第四章《唐宋變革期內諸司使之等級問題》參《五代內諸司使之職級初探》，第 173-174 頁。

再分為兩方面，即一是上面已指出的在中央對藩鎮軍州的禮儀接待和上傳下達。這裡不妨再舉些事例。如梁開平三年七月丙寅敕要求加強大內皇牆使諸門把守，「其逐日諸道奉進，客省使于千秋門外排當訖，勒控鶴官昇抬至內門前」[77]。可見進奉是要由客省使安排，他們是藩鎮進京後必須打交道的官員。所以《新集雜別紙》中有寫明是「客省」的一封：

> 伏以太保手文星異，足理呈祥；為間代之雄才，作明〔時〕之偉器。而自三秦著政，八水分憂；當下車之時，既歌來暮（慕？）；及朝天之後，人有去思。今則允踐崇資，盡由睿智。事雖光于省闥，望繼在於藩維；凡在恩知，忻抃攸極。[78]

這位太保名不詳，根據書儀時間，應當是後唐明宗時代的人。他官高位重，是客省的長官客省使無疑。書狀中「當下車之時，既歌來暮（慕？）；及朝天之後，人有去思」，「事雖光于省闥，望繼在於藩維」數語，意思是太保剛到地方（三秦）時，人們就仰慕他的德政；等到他去京城後，人們更有想念他的心思[79]。他的光彩雖在中央，但是威望卻在藩鎮延續。此下還有給「承旨」書一封，內讚頌對方功德外復有「夢寐潛通于陶侃（？），就望且異于子牟；凡在恩私，企抃同懇」語，頗疑它的收書人也是一位客省承旨。另在「洺州判」之下又有「前知客尚書」一通：

77　《舊五代史》卷四《梁太祖紀》，第71頁。

78　P.4092，《法藏》（31），上海古籍出版社2005年版，第104頁。下引文見第106頁。

79　本文原來的解釋是「不但歌頌他給藩鎮去京城的人帶來好處，而且指明了其本人在藩鎮的威望」，理解有誤，特此改正。

　　近因專使西行，已專附狀；必許情懇，尋達聰聰（聽＝聽）。伏承參從臺幢，卻朝京闕，欣喜之至，不任下情。謹專奉狀陳謝，伏惟照察，謹狀。

　　這位「知客尚書」從官名看，不大像是藩鎮的客將，而有可能是客省使或副使一類的官員。而且書中特別提到「伏承參從臺幢，卻朝京闕」語，似乎是為在上京時受到這位「知客尚書」的照應而表示感謝。

　　P.2539v《靈武節度使書狀集》的一通書狀註明是給「引進副使薛尚書客省副使楊僕射彥均」的。這封書信是祝賀薛、楊二人「光膺聖渥，允副崇司」的，書中讚他們「道光今古，名溢朝端」，「副一人之啟流，葉百群之傾瞻，佇從紫禁之權，更踐黃樞之貴」；致書人（靈武節度使）並說自己「謬司藩守，早仰恩光」[80]。薛、楊二人才任副使，就得到藩鎮如此的祝賀和禮讚，由此可知客省及引進使職司與藩鎮的關係。卷中又有一件《禮賓引進內省書》，這件書狀對收書人稱司空，但「禮賓引進內省」只說的是職務，官名和所在職司不具體，推測是為引進、客省等使預作的，書中說明「伏自榮膺異寵，美播朝端；雖申深翰之儀，未效獻芹之禮。況叨恩顧，常切感銘。今則有少微誠，具則別幅」。「別幅」即「具馬」書，所以總體上是一件送禮的賀儀。據《刺史書儀》（P.3449＋P.3664）刺史得官上任前須辭謝，其「俵錢去處」有宮中各門，其中特別提到閤門、客省門和閤門司等，都是請求關照之意。閤門、引進、客省都是藩鎮或地方官員不敢得罪的部門，不但到京城用得著，就是平時也要與之周旋搞好關係，在需要的時候

80　《法藏》（15），2001 年，第 237 頁；下引文見第 236 頁。

還要送上寶馬等貴重禮物，則上述禮儀職司和客省使等與藩鎮的關係是很清楚的。

　　另外唐末五代客省使的主要職務雖不是對蕃夷，但相關禮儀實也包括少數民族和蕃國。《冊府元龜》卷九七六即有開平三年八月戊寅，梁太祖「御文殿召契丹朝貢使昌鹿等五十人對見群臣。以遠蕃朝貢稱賀罷，賜昌鹿以下酒食閤客省，賚銀帛有差」的記載[81]。《五代會要》卷三〇後唐天成元年（926）六月十日御史臺奏稱：「從開元定禮之後，本朝故事對諸番客，又並于內殿引對，其殿名曰參殿，事在禮賓使、客省使，不下外諸司。現今施行不一。」[82]舉行於客省的宴會和召見引對事在客省使，說明客省使當此之際是負接見禮儀之責的。

　　五代客省使的另一職能是常常被派出使。《冊府元龜》記乾化二年（912）四月，「客省引進使韋堅使廣州（劉巖）回，以銀茶上獻，其估凡五百餘萬」[83]。《新五代史·劉處讓傳》：「莊宗即位，為客省使，常使四方，多稱旨。」[84]《冊府元龜》復記天福二年（937）六月，「六宅使張言自魏府使回，奏范延光叛命，遣客省使李守貞往延光所問罪」[85]。《十國春秋·楚》二也載開運三年（946）「冬十二月，契丹執晉主重貴以北。是歲，晉客省使王筠來聘，以國亂未歸」[86]。

　　同樣的奉使外交活動也常常在十國政權之間進行，見於史載。如貞明三年（917）十月，「越主巖遣客省使劉瑭使于吳，告即位，且勸

81　《冊府元龜》卷九七六《外臣部·褒異》三，第 11467 頁。

82　《五代會要》卷三〇《雜錄》，第 481 頁。

83　《冊府元龜》卷一九七《閏位部·納貢獻》，第 2381 頁。

84　《新五代史》卷四七《劉處讓傳》，第 526 頁。

85　《冊府元龜》卷一二三《帝王部·征討》三，第 1477 頁。

86　《十國春秋》卷六八《楚·文昭王世家》，中華書局 1983 年版，第 957 頁。

吳王稱帝」[87]。貞明五年八月，吳楊行密以狼山之敗，遣客省使歐陽汀通好吳越；長興四年（933）夏四月又因吳越王錢鏐死，南唐遣客省使許確入祭[88]。後周廣順元年（951）三月南唐以冊馬希萼為楚王，以右僕射孫忌、客省使姚鳳為冊禮使[89]。周世宗顯德五年（294）三月（時南唐改元中興元年），南唐李璟在奉表稱江南國主並獻上國土的同時，又別遣臨汝公徐遼和客省使上買宴錢二百萬及表[90]。這類出使活動仍包括了賀節壽、貢獻、通好、勸和、問罪、冊禮、歸降等多種。可以說，五代客省使是全面地接收了客將的職能，他們仍是國際的禮儀代表。

　　由於客省使常常被中原朝廷或割據政權派遣偵察他國他方動向，所以他們的態度和行為對於其間關係影響頗大。莊宗時的李嚴便是伐蜀戰爭的始作俑者[91]。明宗客省使李仁矩本是去傳達帝旨，令兩川獻錢，卻得罪了節度使董璋，結成仇隙，激反董璋，[92]致藩鎮與朝廷交惡。因此五代客省使在中原朝廷和其他割據政權交往中負有很大責任，其調節中央地方關係的作用不可忽視。當然承擔此任者也不完全是客省使。例如楊彥詢就是在任為引進副使後「將命西川及淮南稱旨，累遷內職」而到唐明宗時升為客省使的[93]，明宗時閤門使劉政恩也曾被

87　《資治通鑑》卷二七〇，第 8821 頁。

88　《吳越備史》卷二《武肅王》下，卷三《文穆王》，《景印文淵閣四庫全書》第 464 冊，第 533、545-546 頁。

89　《資治通鑑》卷二九〇，第 9458 頁。

90　《冊府元龜》卷二三二《僭偽部·稱藩》，第 2766 頁。

91　參見《舊五代史》卷三三《莊宗紀》，第 454 頁；卷七〇《李嚴傳》，第 930 頁；《資治通鑑》卷二七三同光二年五月《考異》，第 8921 頁。

92　參見《資治通鑑》卷二七六明宗天成四年五月條，第 9029 頁；《舊五代史》卷七〇《李仁矩傳》，第 931 頁。

93　《舊五代史》卷九〇《楊彥詢傳》，第 1186 頁。

差遣充西川宣諭使[94]。這說明在以上五代幾使中，其職能有時可以兼通。不過，史料關於內客省使具體職事的材料甚少，不知與客省使是否有明確分工。但涉及藩鎮事務和關係，尤其是出使事宜客省使似乎承擔更多。內客省使官職既在客省使之上而在宣徽北院、南院使之下，距離中央權力核心就更近一些。五代愈到後來，使職愈益成為遞進遷轉的一個職級，但與藩鎮地方的禮儀交接事務，仍當由閣門、引進及客省等職司共同進行。

綜上所述，晚唐五代中央客省與客省使的職務與藩鎮客司與客將極為相似，唯官職地位略有不同耳。由於五代政權本自藩鎮而來，所以前者是中央化了的客司客將，後者則是地方化了的客省和客省使。兩者一而二，二而一，其性質的相似，保證了中央地方的禮儀對接。特別是客省、客省使與閣門、引進等使司配合，形成唐末五代藩鎮體制下最具實用特色的禮儀機構。如前所指，「客」的含義即是賓，因此無論客司、客將，抑或客省、客省使，它們處理的都是地方與中央或割據政權彼此政治關係中屬於「賓儀」的那一部分。這個賓儀或賓禮與開元五禮中的賓禮事實上已有對「內」、對「外」的實質區別。藩鎮政治之下割據勢力或政權的交往往往多於對少數民族，故內賓之禮始重而內客機構始興，這為禮儀的發展注入了新的內容。不過有一點也應注意，即前述唐末五代隨著客省權力的膨脹和機構擴大，蕃夷事務也部分地歸於客省使。這事實上是藩鎮客將職能內外不分在客省職務上的反映。史料記載反映入宋以後，客省使出使割據政權和藩鎮的機會逐漸減少，但接待和出使蕃夷的事務增加。這就形成了《職官分紀》所說客省使掌「四夷朝貢、牧伯朝覲，賜酒饌饗餼」的情況，即內、

94　《舊五代史》卷四三《後唐明宗紀第九》長興三年九月，第594頁。

外賓禮由分至合，客省、客省使（當然還包括其他禮賓職司）在相當
程度上代替了原來的鴻臚寺。與此同時，藩鎮地方的客司逐漸萎縮，
州縣的客司甚至發展為一種職役。中原和南方統一形勢下的禮儀機構
雖然沒有回到唐初的原點，卻變成了一種新的格局。這雖然不在本文
討論的範圍內，但時代的大變動之際禮儀和禮儀機構的發展，卻是值
得玩味和深思的。

九　再論 S.1725v 卷祭文與敦煌官方祭祀*

敦煌文獻中，可以見到一些相關地方祭祀的文書。這些祭祀以國家禮製為依據，並與敦煌的地方祭祀和禮俗相結合，在唐朝前期和歸義軍統治時期，都得到實施。譚蟬雪關於敦煌歲時風俗，高明士關於敦煌官方祭祀禮儀[1]，涉此均有集中討論。姜伯勤[2]、李正宇[3]、盧向前[4]

---

* 　本文原載《隋唐遼宋金元史論叢》第 3 輯，2013 年，第 7-19 頁。

1 　參見譚蟬雪：《敦煌歲時文化導論》，祭風伯、祭雨師、釋奠、祭社稷等節，臺北：新文豐出版公司 1998 年版，第 44-48、93-107、136-141 頁。高明士：《唐代敦煌官方的祭祀禮儀》，《1994 年敦煌學國際研討會論文集·宗教文史卷》上，甘肅民族出版社 2000 年版，第 35-74 頁。

2 　姜伯勤：《敦煌社會文書導論》，新文豐出版公司 1992 年版。《沙州儺禮考》、《高昌胡天祭祀與敦煌祆祀——兼論其與王朝祭禮的關係》，收入氏著《敦煌藝術宗教與禮樂文明·禮樂篇》上編《敦煌禮論》，中國社會科學出版社 1996 年版，第 459-505 頁。並參艾麗白（Par Danielle Eliasberg）：《敦煌寫本中的大儺儀禮》，載謝和耐等《法國敦煌學者敦煌學論文選萃》，中華書局 1993 年版。

3 　李正宇：《敦煌地區古代祠廟寺觀簡志》，載《敦煌學輯刊》1988 年 1、2 期，第 74-89 頁；《敦煌儺散論》，《敦煌研究》1993 年第 2 期，第 111-122 頁。

4 　盧向前：《馬社研究——P3899 號背面馬社文書介紹》，收入氏著《敦煌吐魯番文書論稿》，江西人民出版社 1992 年版，第 47-96 頁。

等也有相關研究。其中高先生文結合敦煌實地考察和正史數據，從祭祀的對象、方式、地點等諸多方面出發，對於國家禮制與地方祭祀的論述最為深入全面。本文僅是在前賢基礎上，再就 S.1725v 卷祭文的寫作時間和相關問題略作一些探討和補充。

（一）S.1725v 卷祭文的時間再考

S.1725v 卷，正面是一件唐前期吉凶書儀，背面也有一件表狀箋啟書儀，兩件時間不同，不能合為一件。除此外，背面還有一件倒書的祭祀文樣，含釋奠文、祭社、祭雨師、風伯及其配神共九首，並有祭祀用物等，字跡與前後書儀皆不同。末題「右前件等物用祭諸神，並須新好，請處分。牒件狀如前謹牒，年月日張智剛牒」[5]。雖然看起來是一件牒文，與書儀似乎無關，但所錄祭文皆無祭者之名，看得出可以隨時根據需要填寫，因此作為文範的性質無疑，譚蟬雪和高明士兩位先生的論述都以此作為重要依據。而敦煌文獻中，還有頗多關於地方祭祀的內容，S.1725v 的祭文尤可為敦煌按國家規定行祭祀禮的證明。

按照《開元禮》規定，地方祭祀屬於國家小祀，同屬這一類的有諸州、諸縣、諸裡祭社稷和諸州、諸縣祈社稷、祈諸神、禜城門，諸州、諸縣釋奠於孔宣父等[6]。S.1725v 的祭祀文是列人牒文的，因此可以肯定它們是敦煌地方祭祀內容，並且是最重要的部分。但 S.1725v 的具體撰作時間是在何時呢？

5　《英藏》（3），四川人民出版社 1990 年版，第 133 頁。

6　《大唐開元禮》卷一《序例》上《神位》，洪氏公善堂本，民族出版社 2000 年版，第 12 頁；並見本書目錄部分。

　　從卷文涉及的祭祀對象看，其時間明顯晚於《開元禮》。《開元禮》卷一《序例上・神位》明謂釋奠禮中對孔子的稱呼是「孔宣父」，在 S.1725v 釋奠文中則被改稱為文宣王，顏子也被稱為兗公，而兩者加封贈是在開元二十七年（739）[7]。

　　另外《開元禮》同卷也有「四時祭風師雨師」一條，但其儀只見於朝廷，州縣祭風師、雨師等尚未正式列入儀注。同書《序例下・祈禱》有規定曰：「凡州縣旱則祈雨，先社稷，又祈界內山川能興雲雨者，余准京都例。若岳鎮海瀆，州則刺史上佐行事，其餘山川判司行事。縣則縣令縣丞行事。祈用酒脯醢，報以少牢。」又同書卷七〇《諸州祈社稷、諸州祈諸神、諸州禜城門》和卷七三《諸縣祈社稷、諸縣祈諸神、諸縣禜城門》說明州縣也有遇水旱時的祈禜祭祀，但臨時性較強。雷聞考證地方祈雨要由州下符至縣，顯係政府行為。而祈雨對象則由《祠令》規定，即首先要祈社稷，然後才是山川[8]。所以《開元禮》規定的「諸神」並非單獨針對風師雨師。高先生已據《唐會要》卷二二天寶四載（745）九月十六日敕關於「諸郡風伯壇，請置在社壇之東。雨師壇，在社壇之西，各稍北三十步（以下略）」和天寶五載（746）四月十七日詔「其以後每祭雨師，宜以雷師同壇祭，共牲別置祭器」兩條規定，證明州郡建壇專祭風師雨師是在天寶四載，而雷神之祭更在天寶五載，在《開元禮》之後，是對《開元禮》的補充[9]。而這也同時說明，S.1725v 的上限不會早於天寶五年。

7　《舊唐書》卷二四《禮儀志》四，中華書局 1975 年版，第 920-921 頁。

8　雷聞：《郊廟之外——隋唐國家祭祀與宗教》，生活・讀書・新知三聯書店 2009 年版，第 322 頁。

9　《唐會要》卷二二《祀風師雨師雷師及壽星等》，上海古籍出版社 1991 年版，第 495 頁；並參高明士：《唐代敦煌官方的祭祀禮儀》，第 50-51 頁。

　　將卷中祭文與《開元禮》和貞元中太常禮官王涇所作《大唐郊祀錄》對比，發現凡《大唐郊祀錄》不改《開元禮》者，則三者皆同；《大唐郊祀錄》稍有改動者則 S.1725v 祭文與《開元禮》似乎更為接近，例如《開元禮》卷六九《諸州釋奠於孔宣父》祭顏子稱：「爰以仲春仲秋，率遵故實，敬修釋奠于先聖孔宣父。惟子庶幾具體，德冠四科，服道聖門，實臻閫奧，謹以制幣犧齊、粢盛庶品，式陳明獻，從祀配神。尚饗。」S.1725v《釋奠文》只有「具體」作「體二」，餘皆同。但是《大唐郊祀錄》卷一〇在「敬〔修〕釋奠于先聖文宣王」之下，卻是「惟子等服膺聖教，德冠四科，光闡儒風，遺範千載（以下同《開元禮》，唯「明獻」作「明奠」）」[10]。又如《開元禮》卷六八《諸州祭社稷》祭社文有「含養庶類」，而《大唐郊祀錄》卷八「養」作「弘」。這是因為《開元禮》為孝敬皇帝弘立別廟祭祀而為之避諱，到貞元時已無須避諱，而 S.1725v 則同於《開元禮》。

　　但風伯、雨師的祭文，S.1725v 卻不同於《開元禮》。《大唐開元禮》卷二八《祀風師》是：

　　維某年歲次月朔日，天子謹遣具位臣姓名，敢昭告于風師：含生開動，畢佇振發，功施造物，實彰祀典。謹以制幣犧齊、粢盛庶品，明薦于神，尚饗。[11]

　　S.1725v《祭風伯文》是：

10　《大唐郊祀錄》卷一〇，《適園叢書》本，民族出版社 2000 年版，第 801 頁，

11　《大唐開元禮》卷二八《立春後丑日祀風師》，第 163 頁。

　　敢昭告于風伯神，惟神德含元氣，體運陰陽，鼓吹萬物。百谷仰其結實，三農茲以成功；蒼生是依，莫不咸賴。謹以制弊（幣）醴薺（齊）、粢盛庶品，從奉舊章，式陳明薦，伏惟尚饗。

　　《開元禮》祭祀有朝廷和州縣之分，但相同祭祀祭文一般差別不大。所以《開元禮》關於風雨文雖然是朝廷而非地方，但應無影響。S.1725v 文字為何與之不同不得而知，但顯然與其他諸文一樣都有所本，不能認為是敦煌的獨創。《唐會要》卷二二記天寶四載七月二十七日敕將風伯雨師從小祀升為中祀，據王涇《大唐郊祀錄》於祀風師下也有按語曰：「按：《周禮・大宗伯》云，以櫜燎祀風師。鄭註：風師，箕也。又鄭註，小宗伯小祀，風師是也。皇唐《開元禮》亦曰小祀，天寶四年為中祀，聖朝沿革，今為恆典是也。」對此高明士先生已予探討，認為州郡風、雨等祭祀仍屬小祀[12]，但未言與祭文修改之關係。筆者以為既有祭祀等級的升遷，且雷師也是天寶五載才有，則三者很可能都重撰或新撰了祭文，這或者是 S.1725v 風、雨祭文與《開元禮》發生差異的原因。

　　《唐會要》同上卷記德宗貞元二年（786）四月二十三日詔問禮官風師雨師祝版署訖，是否應拜。太常博士陸淳奏曰：「以是小祠，准禮又無至尊親祭之文。今雖請御署，校詳經據，並無拜禮。」小祀是沒有皇帝親拜祝版之禮的。但是德宗以為：「風師、雨師為中祠，有烈祖成命，況在風、雨，至切蒼生。今禮雖無文，朕當屈己再拜，以申子育之意，仍永為常式。」因此是仍按天寶制度辦理，不過《大唐郊祀錄》風師祭文是按照開元，雷師雨師則是另制，與 S.1725v 文也不同。

12　《大唐郊祀錄》卷七，高明士《唐代敦煌官方的祭祀禮儀》，第 55-56 頁。

　　《大唐郊祀錄》應代表德宗時期的朝廷禮法。從上面所説釋奠文和祭社文來看，S.1725v 的時間應當在《開元禮》後而在《大唐郊祀錄》以前。筆者曾根據 S.1725v 書儀中有鄭氏書儀所改的冬至用語「晷運推移」而判斷應是唐後期書儀。但祭文抄寫方向、字跡與這件書儀並不一致，由於敦煌在安史之亂不久即陷蕃，貞元時代的新撰不大可能傳入，所以我更傾向於它是天寶時代的產物。敦煌歸義軍時期的祭文並不完全依照此格式而有很大變化（詳後），乃是後來的事。

　　S.1725v 在祭文之後，還有祭祀具體用物的説明：

　　今月日釋奠，要香爐二並香、神席二、氈十六領、馬頭盤四、迭（碟）子十、疊子十、小床子二、椀（碗）二、杓子二、弊（幣）布四尺、餗食兩盤子、酒、宍（肉）、梨五十課（顆）、黍米一升、鍫一張、行李人三、修壇夫一、手巾一、香棗一升。

　　祭社，要香爐四並香、神席四、氈廿領、馬頭盤八、迭（碟）子廿、疊子廿、小床子三、椀（碗）三、杓子三、手巾一、弊（幣）布八尺、餗食四盤子、酒、宍（肉）、梨一百課（顆）、行李人三、鍫二張、黍米二升、香棗二升、修壇夫二、瓜廿。

　　這些祭品用物和人員顯然出自敦煌當地，雖然與朝廷用物不同，但數量的規定證明祭祀同樣嚴格而講究。其中既有幣帛，又有生熟物品，雖然不出當地所產，但是生熟具備，符合傳統祭祀的要求。值得注意的是，對於以上幾種祭祀，高明士先生認為排在前面的祭社稷等級最高，並因天寶三載規定中央社稷升為大祀而懷疑州縣也隨之升為中祀。是否如此未能得到證明，但從祭品來看社稷竟比釋奠用量要多一

倍，人員用物也較釋奠多，顯然等級高於釋奠，這也可能是由於釋奠僅在官學之內，牽涉的範圍小，而社稷祭祀卻是要在州城立壇（詳下），影響範圍更大之故。以下只言「祭風伯一座，祭雨師兩座」，未言祭品，不知是否臨時而定抑或與社壇相同。

除 S.1725v 外，P.3896v 也有釋奠祭兗公、祭后稷和一些祭品的殘文[13]。P.3896 卷正面為卜筮文，背面有星占書，藏文書寫的鳥鳴占卜書，因此寫在一起的祭文大致也是吐蕃時期。不過，其祭文祭品敘述文字與 S.1725v 基本相同，不能斷定是否只是一個抄件。

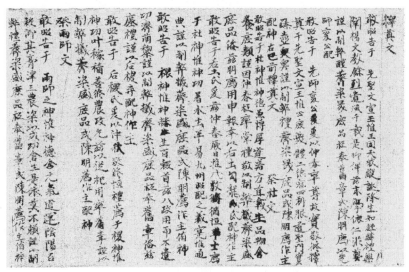

▲ 圖10　S.1725V 與書儀抄寫方向相反的祭文

（二）關於社稷、帝社與藉田禮變革

S.1725v 的祭社稷文在社神和稷神之後，分別有祭后土和後稷的文

13　《法藏》（29），上海古籍出版社 2003 年版，第 112 頁。

字。祭社稷而並祭后土勾龍氏及后稷，見於《開元禮》卷三三《皇帝仲春仲秋上戊祭大（太）社》和卷三四同條有司攝事的文字。皇帝親祭和有司代祭太社太稷的同時，壇上均有后土勾龍氏和后稷的位置，並須讀祝文祭奠，因此地方州縣祭祀社稷也同樣有之。

祭社稷的同時祭后土和后稷，乃源自《禮記‧祭法》關於共工子后土勾龍氏「能平水土，故祀以為社」，和烈山氏子柱，「能殖百穀，故祀為稷」之說[14]。但后土是作為社稷本神還是配祀之神，後世則形成兩種不同看法，以致演為鄭、王兩派的長久爭議。按照鄭學，是社稷之外要配祀后土、后稷；按照王學，祭社稷之外不另加配祀。王涇《大唐郊祀錄》卷八比較鄭王之說的不同道：「鄭學之徒則云社稷者土穀之神，而以有德者配食」，意思是認為社、稷皆是土祇，只是生育之功不同，故有二名。勾龍氏和后稷都是其屬官而有大功，所以配食，並非是將他們作為社稷正神。但「王學之徒則從無別神之義」，也即認為社稷並非土祇，勾龍和周棄，以五行之官能平水土，有功於人，所以本身就是周后土和田正之神，稱為社稷，「更無別祭土神之義也」。南朝基本接受王學，而北朝卻是祭社稷而強調以勾龍、后稷配祀。

因此從《開元禮》將后土、后稷作為社稷配神來看，應當是從鄭玄之學而來自北朝。對此高文也已指出，並提出一般以為的隋唐統一中國，在學術上北學併入南學，「北學從此絕矣」的說法，似有再考的必要。此固是確論。但竊以為《開元禮》所以如是，也是由「折中」原則而得。《貞觀禮》多從鄭玄，而《顯慶禮》多從王肅。就本條而言，《開元禮》仍是吸收了《貞觀禮》。因此社稷禮無疑可以認為是《開

14　《禮記‧祭法》，《禮記正義》卷四六，《十三經註疏》，中華書局 1980 年版，第 1590頁。

元禮》製作方式的反證。祭社稷「以后土勾龍氏配神作主」，不僅在中央的祭祀，卷六八《諸州祭社稷》和卷七一《諸縣祭社稷》的地方祭祀也是一樣，S.1725v 看來是延續《開元禮》的。

　　另外與社稷相關的祭祀在唐朝還有藉田。漢魏以來，依據《禮記·祭法》太社（王為群姓所立）和王社（王自為立）並立的理論，已形成二社一稷的祭祀（太社、太稷與帝社，前二者代表國家，帝社則是代表皇家宗社），南朝史家卻以供宗廟粢盛的理論提倡帝社祭祀與藉田合併，這一點對唐朝亦深有影響。據《新唐書·禮樂志》四稱：「藉田祭先農，唐初為帝社，亦曰藉田壇。」下且引貞觀三年（629）太宗親耕，孔穎達議為證：「禮，天子藉田南郊，諸侯東郊。晉武帝猶東南，今帝社乃東壇，未合于古。」[15]這裡孔穎達所言帝社所在之東壇，明顯就是指藉田壇。說明至少在太宗時，已吸收南朝禮家的理論，將藉田壇名稱換成了帝社。這之後祭祀的名稱、神主曾發生過變化，同上新志言中宗神龍元年（705）禮部尚書祝欽明與韋叔夏、張齊賢等討論藉田，韋、張等依祝欽明議奏稱：

　　永徽中猶曰藉田，垂拱後乃為先農。然則先農與社一神，今先農壇請改曰帝社壇，以合古王社之義。其祭准令以孟春吉亥祠后土，以句龍氏配。[16]

也就是說，武則天時一度曾將帝社壇改稱先農壇。中宗時，禮官又提議將先農壇改稱帝社壇，祠后土，以句龍氏配。而除此外，所知還有

15　《新唐書》卷一四，中華書局 1975 年版，第 357 頁。

16　以上參見《新唐書》卷一四，第 357-358 頁。

「又立帝稷壇于（帝社壇）西，如太社、太稷，而壇不設方色，以異于太社」，也即改祭帝社同時增加了帝稷壇。

藉田壇改名或增設之外，祭祀神主是最大問題。對於中宗時代定「以孟春吉亥祠后土，以句龍氏配」，高明士先生曾指出是唐朝藉田制度中曾經有過的最大變化。對其原因高先生未給以太多解釋，但關於「准令」的說法，提出是准《永徽令》。這一點比較可疑。因為《新唐書》上文引韋叔夏等說，明明提到「周、隋舊儀及國朝先農皆祭神農于帝社，配以后稷」，此語在《唐會要》卷二二《社稷》作「又周、隋舊儀及皇朝新禮，先農皆祭帝神農」，似乎更清楚明白。即壇雖稱帝社，祭卻是神農。武則天時代不曾修過「新禮」，如果是新禮只能是指高宗時所修《顯慶禮》。據史料的記載和以往的研究，永徽時始修的禮、令在長孫無忌主持下基本繼承貞觀，高宗朝對祭祀的重大改革都是在顯慶許敬宗主持以後。《顯慶禮》尚且祭神農，怎麼在它之前的《永徽令》倒成了祭后土呢？並且文載「永徽中猶曰藉田」即沿襲唐初之名，不大可能就祭祀對象做這樣原則性的改革，所以認為是准《永徽令》恐根據不足。

查《唐會要‧社稷》於同事記載其說是：

永徽中猶名藉田，垂拱以後刪定，始改為先農。與社本是一神，妄有改張，以惑人聽。其先農壇且請改為帝社壇，以應《禮記》王社之義。其祭先農壇，改為帝社壇，仍令用孟春吉亥祀后土，以句龍氏配之。[17]

17　見《唐會要》卷二二，第 493 頁，按本文對原書標點有修改。下引諸人所論並見同書第 489-493 頁。

除「准令」作「仍令」外，餘者文字僅有詳略之分。又查《冊府元龜》卷五八七《掌禮部・奏議》一五所記與《唐會要》全同。結合上下文看，則作「仍令」似更通暢合理。「仍令」是新定制度，而非依照前朝令文，也即「孟春吉亥祀后土，以勾龍氏配之」是中宗才下令實行的，這樣便與前文的舊儀與國朝原祭先農無矛盾了，也比較符合邏輯。則此條「准令」當作「仍令」為是，《新唐書》的記載恐有訛誤。

藉田禮是皇帝作為表率統領全國民眾生產務農之象徵。中宗即位而將武則天時代的祭壇改名，並改變祭祀神主，甚至重建一直以來從未有過的帝稷壇並不奇怪，這就正像武則天稱帝后也要修改藉田禮一樣，可以看作是中宗對重新恢復李氏正統的標榜。但有疑問的卻是「祀后土，以勾龍氏配」這種不倫不類的說法。后土勾龍氏在古典中從來都是一神，即使鄭玄也只說以社稷為土神作主而勾龍為配（正如《開元禮》的中央與州縣社稷祭祀）。后土就是勾龍，所以這裡如果是主祭后土，又別將勾龍氏為配的做法顯然非驢非馬，在理論上站不住腳。

那麼為何會有這樣的說法？從《新唐書》和《唐會要》的記載可以看出，其實祝欽明的原意，不過是重申和落實「帝社」與藉田合併的理論。他反對將藉田改名先農，強調古之「藉田壇祭，止是王社（等同後來的帝社）」，認為「改名先農之祭」是「不知王社根本」，主張將先農恢復為帝社。韋叔夏、張齊賢並不完全同意他的說法，他們舉漢魏以來史家關於王社和先農的不同理論作為佐證，提出：「是則王社先農，其來自遠，各在祀典，不可合而為一。今欲崇立帝社，實違禮經，望於藉田之中，別立帝社、帝稷，配以禹、棄，則先農、帝社，兩祠咸袟。」雖然祝欽明一再堅持「藉田之祭，只是王社（即帝社），承前若祠先農，共是勾龍」，「先農、王社，同貫異名，固是一種，后稷、勾龍，更無二道」，也即完全以帝社的祭祀取代先農的主張，但

韋、張的意見也起了作用，於是才有了上述帝社、帝稷壇的並設。而由於帝社的祭祀對象與社稷同應是后土，所以歸結為「祀后土，以勾龍氏配」的說法。體會其意，並不是說帝社壇上的主神是后土，而是說因為帝社祭祀的對象應是后土，所以配神要改為勾龍氏。由於同時還設立了帝稷壇，所以仍是以帝社、帝稷作為主神並列祭祀，而壇上的配祀分別是勾龍氏（后土）和后稷。

祝欽明等的改革使藉田壇不但改從帝社之名，而且完全按照等同社稷的祭祀，雖然似乎是完全落實了南朝以來帝社附從藉田的理論，但明顯與一直以來的藉田祀先農相悖。而增設帝稷壇的做法更是違背了漢魏以來「二社（太社、帝社）一稷（太稷）」，不立帝稷的傳統。這種標新立異的做法貌似有理，卻並沒有太多實行依據，所以至《開元禮》便重又改弦更張。據《開元禮》卷一《序例》上《擇日》帝社和社稷在同一等級的中祀，而同卷《神位》的「孟春吉亥享先農」與「季春吉祀享先蠶」兩條下有「右准舊禮為定」的說明[18]，證明《開元禮》是遵照唐初二禮祭祀先農先蠶的。且誠如高先生所說，《唐六典》記載的開元七年祠令和《開元禮》的藉田禮都是以后稷配先農（神農），說明開元時期恢復了舊制和傳統。也即仍以神農氏作為帝社之主祭對象，配祀也恢復為後稷。《大唐郊祀錄·辯神位》關於帝社有「今禮謂之先農」的說法也證明了這一點[19]。何以如此？竊以為同樣是由於《開元禮》「折中」、吸收《貞觀禮》和《顯慶禮》的結果。這樣做比較合乎傳統，而帝社與藉田禮及先農祭祀的結合也是以這樣的方式於《開元禮》進一步形成定論。

18　《開元禮》卷一《序例》上《擇日》、《神位》，第 12、16 頁。

19　《大唐郊祀錄》卷一《辯神位》，第 728 頁。

　　藉田是春季勸農之禮，如皇帝親行，祭祀之外尚有古禮所定的天子耕藉九推之儀。皇帝不親行禮時，由有司攝事。玄宗也曾親行藉田禮。《新唐書‧禮樂志》四稱玄宗「開元十九年（731），停帝稷而祀神農氏于壇上，以后稷配。二十三年，親祀神農于東郊，配以句芒，遂躬耕盡壟止」。《舊唐書》卷二四《禮儀志》四也有開元二十三年一次的詳細記載，但兩《唐書‧玄宗記》都證明開元十九年正月玄宗確曾「親耕于興慶宮龍池」[20]。無論如何，以上藉田禮都是按照儒家禮儀形式進行。而開元十九年的一次應當是對中宗時期藉田禮進行改革的基礎，因此《開元禮》的制定看來還是與現實應用密切結合的。

　　這裡涉及藉田禮和敦煌，還有一點值得辨析。即藉田既然是皇帝禮，則本與地方無關，但譚蟬雪和高明士兩位先生都指出敦煌有藉田之禮，主要依據的便是曆日中關於藉田的記載。高文所出示者，除了 P.2765 大和八年（834）的曆日是用正月十二日癸亥「始耕」來代替之外，其他如 S.1439、P.2506、P.3247、S.681v、P.3507 等五件具注曆都在日期之下明確注有「藉田」字樣[21]。如果說單純具注曆還不能完全作為依據，那麼同列的 P.4640 歸義軍時期的一件布紙破用曆更有明確記載：

　　（庚申年〈900〉正月廿日〈己酉〉）同日藉田，支錢財粗紙壹帖。

20　《新唐書》卷一四《禮樂志》四，第 358 頁；《舊唐書》卷二四《禮儀志》四，第 913 頁。並參《新唐書》卷五《玄宗紀》，第 135 頁；《舊唐書》卷八《玄宗紀》上，第 196 頁。

21　以上分見《法藏》（18），2001 年，第 129 頁；《英藏》（3），第 25 頁；《法藏》（14），2001 年，第 379 頁；法藏（22），2002 年，第 299 頁；《英藏》⑵，1990 年，第 114 頁；法藏（24），2002 年，第 382 頁。

（辛酉年〈901〉正月）廿七日〈庚戌〉藉田，支錢財粗紙壹帖。[22]

「支錢財粗紙」是專為祭祀所用，可以證明藉田在歸義軍確實行之，前賢於此考證明白，似不應多論。但筆者的疑問是《開元禮》並未規定地方州縣要行藉田，上述 S.1725v 也沒有提到要祭先農，可見不是地方常祀。歸義軍行之，似乎不合禮制。

那麼為何歸義軍時期會有「藉田」之舉？九百和九〇一年是唐朝的光化三年和四年，張氏（張承奉）歸義軍統治敦煌時期。筆者和楊寶玉先生曾判斷張氏歸義軍建金山國的時間不晚於九〇九年（朱梁開平三年）[23]，那麼是不是可以說歸義軍此前早已我行我素，而有「僭越」之嫌呢？筆者認為，這一點尚根據不足。其實，P.2765《甲寅年（大和八年）曆日》中所規定的正月十二日癸亥「始耕」在正月（孟春）亥日[24]，正是《開元禮》所規定的「孟春吉亥享先農」的時日，說明先農的祭祀時日彼時已經入曆，民間或亦行之。當時歸義軍尚未統治敦煌，敦煌應該還是在吐蕃統治下。這個曆日或者是中原傳過去的，或者是仍在秉承中原舊俗。此外，S.1439 大中十二年的曆日雖然已將「始耕」作「藉田」，仍說明是在「閏正月十二日乙亥」，其他如 P.2506（天祐二年，905）、P.3247（同光四年，926）、S.681v（開運二年，945）、P.3507（淳化四年，993）具注曆的「藉田」都是在正月亥日。只有上述 P.4640 所載兩年不是亥日，但仍在正月。所以客觀的看法，「始耕」與「藉田」就像帝社和先農混一一樣，不過是按照《開元禮》或是長

22　《法藏》（32），2005 年，第 266 頁。

23　楊寶玉、吳麗娛：《歸義軍朝貢使張保山生平考察與相關歷史問題》，載《中國史研究》2007 年第 4 期，第 51-68 頁，說見第 63-67 頁。

24　《法藏》（18），2001 年，第 129 頁。

期以來的不同稱呼而已，「藉田」本身已經不是原來皇帝「親耕九推」的概念。其中心是與農事相關的孟春亥日祭先農，這個理念從官到民，從朝廷到地方，從中原到敦煌，已經形成共識。所以與其說是「僭越」，不如說是《開元禮》長期傳播影響下的結果。以往學者發現敦煌和吐魯番都有《開元禮》殘卷出現[25]，以上具注曆也許和 S.1725v 殘卷一樣，都可以作為《開元禮》和中原禮儀文化影響、普及邊陲的證明。

（三）敦煌的官民祭祀

敦煌的官方祭祀主要見於兩個時段，一是在唐朝前期即敦煌陷蕃之前，另一則是歸義軍時期。S.1725v 的祭祀用品和鍬、行李人、修壇夫等的説明，便是唐前期敦煌按時行官方祭祀的證明。

從敦煌的地誌數據也可以看到地方祭祀的痕跡。P.2005《沙州都督府圖經》記載州縣祭祀設壇的所在，有州學，「右在城內，在州西三百步，其學院內東廂有先聖太師廟，堂內有素先聖及先師顏子之像，春秋二時奠祭」；縣學，「右在州學西，連院，其院中東廂有先聖太師廟，堂內有素先聖及先師顏子之像，春秋二時奠祭」，證明釋奠禮是在州學、縣學內進行。另外又有二所社稷壇，「州社稷壇各一，高四尺，周回各廿四步。右在州城南六十步，春秋二時奠祭。敦煌縣社稷壇各一，高四尺，周回各廿四步，右在州城西一里，春秋二時奠祭」。還有風伯、雨師的祭祀列在「四所雜神」內，「風伯神，右在州西北五十

---

25 參見榮新江：《唐寫本中の〈唐律〉〈唐禮〉及びその他》，載《東洋學報》第 85 卷第 2 號，2003 年，第 9-11 頁；中文本《唐寫本〈唐律〉〈唐禮〉及其他》，載《文獻》2009 年第 4 期，第 7-9 頁。劉安志：《〈大谷文書集成〉古籍寫本考辨》，載《新疆師範大學學報》2004 年第 1 期，第 44-47 頁。

步，立舍畫神主，境內風不調，因即祈焉，不知起在何代」。「雨師神，右在州東二里，立舍畫神主，境內亢旱，因即祈焉，不知起在何代。」風沙和亢旱是敦煌地區禱祀風伯雨師的主因，在地方上看來很有實用性。P.2691v《沙州城土境》也有「雨師神，州南一里。風伯神，州西北一里」的記載[26]。沙州故城西北角今存方壇一座，高明士先生考察認為與《沙州城土境》的祭風伯地址吻合。並認為據州城的距離與《圖經》記載有不同，且從「舍」到「壇」或者壇舍並立可能也屬歸義軍的建置變化[27]。但壇祭顯然更為傳統，立舍祭神主畫像似是一種臨時或者不太正式的做法。上面已說明朝廷詔令州郡建壇祭風伯雨師是在天寶四年以後，而高先生也認為此前地方或者也已經有祭祀。因此建壇似乎應在朝廷規定之後，不應晚至歸義軍時期。高先生根據「祭風伯一座」的說法，認為有可能是塑像。而這顯然也不是「立舍畫神主」，且與壇祭比較相配。如果筆者所推 S.1725v 作於天寶中的時間可以成立，那麼壇祭最少在天寶時代應該已經有了。

另外，P.2942《河西節度使判牒集》中「沙州祭社廣破用」的一則判中說「艱虞已來，庶事減省，沙州祭社，何獨豐濃！稅錢各有區分，祭社不合破用。更責州狀，將何填陪（賠）牛直（值）？將元案通」。其「又判」道：「自屬艱難，萬事減省。明衣弊（幣）帛，所在不供。何獨沙州，廣為備物。酒肉果脯，已費不追，布絹資身，事須卻納。」可證敦煌在陷蕃之前，雖然財政艱難，在祭祀問題上仍不惜破費[28]。

敦煌歸義軍時期的祭祀，研究者多採用具注曆來證明。大中以後

26　《法藏》（1），1995 年，第 53-54 頁；《法藏》（17）2001 年，第 266 頁。錄文參見鄭炳林：《敦煌地理文書彙輯校注》，甘肅教育出版社 1989 年版，第 12-13、40 頁。

27　參見高明士：《唐代敦煌官方的祭祀禮儀》，第 50-55 頁。

28　《法藏》（20），2002 年，第 182 頁。參見譚蟬雪：《敦煌歲時文化導論》，第 105 頁。

敦煌的具注曆中確實有相關祭祀的大量記載，而且也基本是按照朝廷規定的時日。但具注曆中的祭祀是否可以看作完全是敦煌所行難以確定，還必須結合入破曆和其他材料中相關活動的記載來說明。如 S.1366 歸義軍使衙的油麵破曆有曰：

> 二升准舊祭雨師，神食五分，果（餜）食兩盤子、胡並（餅）二十枚、灌腸麵三升，用〔麵〕二斗八升四合、油一升四勺。[29]

歸義軍使衙用了不少食品祭雨師，說明雨師的祭祀仍是由節度使府來進行。更典型的是 S.5747 祭風伯文，內稱「□（天）復五年（905）歲次乙丑正月日朔□□日，歸義軍節度沙瓜伊管內觀察處置押蕃□（落）等使，金紫光祿大夫，檢校司空兼御史大夫南陽張□□謹以牲牢之奠，敢昭告于風伯神，伏惟神首出地戶，跡遍天涯（下略）」等語[30]，是以節度使名義的祭文。其中張□□即張承奉。雖然這類直接材料甚少，但可以證明晚唐張氏歸義軍時期，中央政令規定下的地方祭祀還是很受重視的。

但歸義軍時期的祭祀與前期也有不同之處，例如不僅S.5747 祭風伯文的用語與前期祭文所用已有很大改變，而且如 S.1366 油麵破曆所示，這時的祭品已不再是 S.1725v 那樣的一般生熟貢品，而是完全用敦煌地方的「常食」。前者基本上是遵從《禮記》和《開元禮》精神，但後者的祭祀方式卻表明開元、天寶以後的變化，這一點與朝廷祭祀有

---

29 《英藏》（2），第 277 頁。
30 《英藏》（9），1994 年，第 115 頁。

共同之處[31]，從地方來看，也是與民俗生活貼近而更密切了。

當然官方祭祀中，最受重視也最普遍的還是社稷。社稷的建置不僅是為了祭祀，楊鴻年考證漢魏的社是人們集會、避疾、許願的場所，與百姓生活密切相關[32]。敦煌地方的官方祭祀也與百姓的生活密切結合，最突出的是就是祭社。「春秋二社」見於S.6537v鄭餘慶《大唐新定吉凶書儀》，本是朝廷規定的節日，「社日」在京城和地方都是極受重視的節日。敦煌書儀中有《社日相迎書》。如P.2646張敖《新集吉凶書儀》是：「春秋八節，惟社最尊，略置小會，共賞旅情。謹令諮屈，請便降臨，是所望也。謹走（奉？）狀不宣，謹狀。」P.3691《新集書儀》言：「春秋八節，惟社最尊，略署（置）幸筵，解其情悅。謹令屈〔請，便〕願降臨，是所望也，謹狀。」[33] S.6537v《社條樣式》：「春秋二社，舊規逐根，原亦須飲燕，所要食味多少，計飯料各自稅之。五音八樂進行，切須不失禮度。」S.5629 社條亦言：「春秋二社，每件局席，人各油麵麥粟，主人逐次流行。」[34]春秋二社百姓相聚飲宴，並分攤酒食之費，印證了敦煌社日的民間活動。上面已說到祭社的規格超過釋奠，恐怕正是由於它在民間的影響所致。

文書中所言春秋二社多為私社而非官社。根據以往史家的考證，

31　參見吳麗娛：《唐宋之際的禮儀新秩序——以唐代的公卿巡陵和陵廟薦食為中心》，載《唐研究》第11卷，北京大學出版社2005年版，第233-268頁。

32　楊鴻年：《漢魏制度叢考》，武漢大學出版社2005年版，第462-467頁。

33　《法藏》（17），2001年，第87頁。

34　分見《英藏》（11），1994年，第94頁；《英藏》（8），1992年，第172頁。

私社漢代即已出現[35]，在魏晉南北朝時期得到發展，至唐代達到興盛階段[36]。唐高祖武德九年（626）正月丙子下詔親祠社稷，在「率從百僚，以祈九穀。今既南畝俶載，東作方興，州縣致祀，宜盡祇肅」下特別說道：「四方之民，咸勤殖藝，隨其性類，命為宗社。京邑庶士，臺省群官，里閈相從，共尊社法。以時供祀，各申祈報，兼存宴醑之義，用洽鄉黨之歡。且立節文，明為典制。」[37]其中「隨其性類，命為宗社」說明是允許結為私社的，而且是從「京邑庶士，臺省群官」到「里閈」百姓，都不例外。在祭祀之外，又可以通過「兼存宴醑」而加強鄉黨之間的互助和感情。唐太宗時韋挺上疏，批評當時的風俗：「又閭裡細人，每有重喪，不即發問，先造邑社，待營辦具，乃始發哀。」[38]所說邑社就是這類私社。從傳世史料特別是敦煌文書可以見到朋友社、兄弟社、親情社、女人社、僧人社、渠人社等各種不同目的、類型的結社及名稱，其中有些社也轉化為佛教性質。文書中大量社司轉帖的存在是研究者熟知的事實，喪事、抗災一類的互助也十分多見。既有私社亦有祭祀問題，玄宗天寶元年（742）下令嚴祭祀之法，其年十月九日勅稱「如聞祭官祇事，不全備禮。朕永惟典故，務在潔誠，俾官吏

35　《漢書》卷二七中之下《五行志》七中之下，中華書局 1962 年版，第 1413 頁。寧可：《漢代的社》，《文史》第 9 輯，1980 年，第 7-11 頁。按關於社的研究，並參勞榦：《漢代社祀的源流》，《歷史語言研究所集刊》第 11 冊，1947 年，第 49-60 頁。〔日〕守屋美都雄：《社の研究》，載《史學雜誌》第 59 編第 7 期，1950 年，第 19-52 頁。

36　見寧可：《論「社邑」》，載《北京師範學院學報》1985 年第 1 期；按關於結社情況並參見寧可、郝春文：《敦煌社邑文書輯校·前言》，江蘇古籍出版社 1997 年版，第 3-4 頁。並參郝春文：《中古時期社邑研究》，新文豐出版公司 2006 年版。孟憲實：《敦煌民間結社研究》，北京大學出版社 2009 年版。

37　《冊府元龜》卷三三《崇祭祀》二，第 356 頁。

38　《新唐書》卷九八《韋挺傳》，第 3902 頁。

之盡心，庶蒼生之蒙福。今後祭官等，庶事之間，倍宜精潔。兩京委御史臺，諸郡委採訪使，有違犯者，具錄聞奏。社壇側近，仍禁樵牧，其百姓私社，亦宜與官社同日致祭，所由檢校」[39]。私社與官社同日舉行祭祀，是中央政府對於全國地方的要求。雖然我們所見實例不多，但社日的聚會宴飲或者就是祭祀的輔助活動之一。

以上僅圍繞 S.1725v 卷祭祀文的相關問題作了一些補充探討。一是將祭祀文的文字內容與《開元禮》、《大唐郊祀錄》作對比，進一步論證它是天寶時代的產物。二是討論與社稷相關的藉田——帝社禮的祭祀問題，對神龍初改定藉田禮的問題加以辨析。證明「祀后土，以勾龍氏配」，只是中宗為標榜李氏正統而新定之祭祀禮。其內容是對前朝禮儀的修訂，意在重申帝社與藉田關係，並按照社稷禮的方式以進行，但由於違背了一直以來的傳統祭祀方式而被《開元禮》糾正。《開元禮》因吸收《貞觀》、《顯慶》二禮而回歸舊制，使帝社、先農的合一成為定論。筆者還對敦煌具注曆中出現的藉田及其祭祀加以討論，應是《開元禮》和中原禮儀文化長期影響的結果。三是對敦煌官方祭祀再行探索。除了祭祀方式更與現實生活密切結合外，也指出「祭社」對民間影響最大，在私社大量發展的前提下，中央政府對公私祭祀的要求也與社日生活形成映照而對民間形成指導。

當然敦煌的公私祭祀並非僅上述祭祀文涉及的幾種，如《沙州都督府圖經》提到的「四所雜神」除風伯雨師外，又有土地神和祆神。根據譚蟬雪的考證，敦煌歲時還有各種各樣的祭祀活動，如祭川原、祭城隍和地方神祇。舉辦活動稱為賽神，又稱為祈賽。其日官府與民間的活動相互呼應，構成了敦煌社會豐富多彩的民眾生活。所以，由

39　《唐會要》卷二二《社稷》，第 494 頁。

敦煌官方按照中央規定舉辦的祭祀僅是地方祭祀的一部分。儘管如此，作為地方服從中央政令的一種象徵，它還是印證了唐中央政權對地方的統治和影響，也印證了遠在西陲的敦煌社會與中原儒家禮儀文化密不可分的關係。

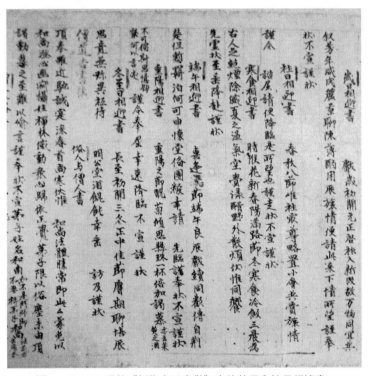

▲ 圖 11　S.2200 張敖《新集吉凶書儀》中的節日和社日相迎書

下編

禮儀與民俗

　　敦煌書儀的一個重要任務是要將禮儀傳播於士民之中，所以，書儀既要出示古禮的原始形態，又要將朝廷的禮儀制度告知民眾，與此同時為了使一般人民接受，還要與其日常習知的生活方式和需要相溝通，所以書儀本身便是三者結合、易於為大眾接受的俗禮書。這裡我們只是通過不多的幾個方面來展示書儀在禮俗之間傳播的內容，例如行第在書儀中作為禮儀性稱謂的規定以及這一習俗於敦煌社會的普及；吉凶書儀所見到的散髮之儀，是如何因古禮規定及少數民族散髮習俗的影響而成為唐宋社會喪禮的行為規範；與小祥異名同實的「中祥」一詞，令人注意到書儀對孝子三年喪的嚴格規定，但是書儀中各時祭祀與七七、百日、一年、三年等佛道齋會的相提並舉，卻顯示了唐五代社會生活中儒佛（道）同重、齋祭並行的原則。最後，朝廷正禮在民間書儀中的不斷出現和相互呼應，也顯示了唐代書儀禮俗互動的時代特徵。這應是書儀得存在於當時社會的要因之一，也是最值得注重的方面。

一〇 敦煌寫本書儀中的行第之稱
——兼論行第普及的庶民影響*

　　行第之稱是流行於唐朝社會的一種習俗，它以士人家族內兄弟、姐妹或子女（分別）排行為基，雖在魏晉南朝之際已漸形成，但作為稱謂而普及，卻是在唐代。已故岑仲勉先生，曾將唐人行第對照姓名，作了大量考證[1]。在此基礎上，我們希望對行第做進一步瞭解。不久前，筆者曾撰文論及唐代碑誌中的行第問題[2]，結合墓誌對行第的普及和發展狀況，排行方式以及社會觀念等略作探討。近來，發現唐人喜稱行第的習俗，在敦煌寫本書儀中也有充分反映，這給我們進一步認識行第問題提供了資料。行第是如何在書面語和現實生活中被規範，它們的使用有何意義？結合書儀和其他史料，也許不難得出結論。

---

* 　本文原載《敦煌吐魯番研究》第四卷，北京大學出版社 1999 年版，第 529-559 頁。文最前的概括語為新增。

1 　岑仲勉：《唐人行第錄》，中華書局 1962 年版。

2 　吳麗娛：《從唐代碑誌看唐人行第問題》，《唐研究》第 2 卷，北京大學出版社 1996年版，第 347 頁。

（一）書儀中行第之稱的使用

敦煌書儀中，不少涉及稱謂處是用行第來表示的。如題為「京兆杜友晉撰」的《吉凶書儀》（P.3442）中內外吉書儀部分，便至少有六通用及行第。其一通依內容及次序應為《與弟妹書》，僅餘二行：

（1）與弟妹書

1. 次第兄
2. 封次第兄姊書　　右邊云名省_{妹云某氏姨（妹）省}

前一行「次第兄」三字注於信末，而第二行「封次第兄姊書」顯而易見為書儀的封題部分。「次第」即指寄信人之行第也。另外五通比較完整，為便於說明此處也僅錄首尾及書題部分：

（2）與子侄孫書

不見汝久，憶念纏懷。……好自愛慎。^{謹慎}。及此不多，翁婆耶娘次第伯叔姑告

　名　　　發_{女云某氏女發}。

（3）與外祖父母書_{外伯叔祖附之}

名_{女云某氏次第女}。言：違離_{外伯叔祖云違覲}稍久，思戀恆積。……拜覲未由，伏增戀結，伏願珍重。今因信往，謹言疏不備_{外伯叔祖云不宣}。名再拜。某氏外孫女再拜。

　　謹　　　　　　封

外翁婆幾前_{名言疏、女〔云〕某氏外孫女言疏}³。

（4）與舅舅母⬚姨⬚姨夫書母之外祖父母及姨舅附之

名言：違遠稍久，馳系唯積；……拜覲未由，伏增馳結，伏願珍重。謹言疏不具。名再拜。亦云表外甥、表侄、姨侄、姨弟等。

謹　　　　　　封

次弟（第）舅舅母姨祖座前_{名言疏，某氏外甥、外孫女言疏。}

（5）⬚與⬚表丈人及表姑姨表兄姊書：

名白：曠奉稍久，延系唯積。……名蒙恩，末由拜奉，唯增傾結。願珍重。謹白疏不具。表弟姓名再拜。_{亦云　表　外　生（甥）、表侄、姨侄、姨弟等。}

謹　　　　　　封

某姓位丈人兄某氏姓次第姑姨座前_{外甥、內外弟、姨弟侄姓名白疏。}

（6）與妻父⬚族⬚書妻⬚姑⬚姊附之：

名言^{伯叔姑}_{姊云白}：違覲^{外伯叔姑云曠覲，}_{妹（姊）云曠覲。}稍久，馳系唯積。……男女等佳健。拜覲^{妹（姊）}_{云拜奉。}未期，伏增馳結。^{妹（姊）云}_{惟增延結。}伏願珍重。今因信往，謹　附白記不宣。^{姊云}_{不具。}名再拜。^{伯叔姊（姑）云侄女夫姓名}_{再拜，姊云妹夫姓名再拜。}

謹　　　　　　封

3　「名言疏、女〔云〕某氏外孫女言疏」，「云」字趙錄原無，據文意補。

府君夫人座前 名白記。與伯叔姑云次第伯叔某氏姑座前，4
姊云某氏姊前，侄女〔夫〕妹夫姓名白記。

　　以上五通書儀某些地方也均有「次第」字樣。每封信如有「謹封」
兩字者，則謹封以上為信正文，以下為封題部分。行第根據需要或用
於信首、信末的自稱，或用於封題中對收信人的稱呼。由於唐人的行
第來源於家族內兄弟（或姊妹）的排行，所以親友間相稱行第十分自
然，當然行第還要與年輩等結合起來，附之以伯、叔、兄、姊、姑、
姨、舅等稱。這在唐人內外親族的吉書儀中已是一種十分常見的稱呼
法。除了上述書儀外，同是題為杜友晉撰的《新定書儀鏡》（P.3637、
P.3849）在「婦人書題廿首」內記載的兩通夫妻往來書儀也十分典型：

　　與夫書：
　　拜別如昨，炎涼數變，不枉翰墨，無慰馳情。秋中差涼，惟　五
郎動靜兼勝，即此大君大家動止萬福，男女等無恙。未由賓覲，但增
馳系。因使，不宣，謹狀。月日厶氏白上次郎執事
　　謹空
　　　謹上　　次郎執事　　　厶氏內白封

　　答書：
　　使至辱書，知上下通善，稍寬離憂。冬初微寒，惟次娘子動息兼
勝，男女等佳致。限以王事，宣展未由，但增傾注。因還使，略此無
喻。謹狀。　　　月日位姓名狀通

4　以上並見 P.3442，《法藏》（24），上海古籍出版社 2002 年版，第 215 頁；以下引本卷
　　文書者，不再一一說明。本文引用書儀，錄文並參趙和平《敦煌寫本書儀研究》（新
　　文豐出版公司 1993 年版）。

位姓名狀至厶所通狀　次娘子_{侍者}封[5]

　　內中「次」同「次第」，也即行第意。「次郎」（泛指）、「五郎」（具
體）是妻呼夫，而「次娘子」則是夫稱妻。同件書儀中男子《與妻父
母書》道及自己與妻也有「厶及次娘子蒙恩」、對妻家人有「丈人丈母
座前，次姊再拜，參問阿嫂（同嫂）」語。丈人丈母答信則稱女兒「次
娘子佳致」，「次娘侍巾櫛，善事舅姑及厶郎」語。男子《與妻姨舅姑
書》致問候如「次姨動止康念」，《與同門書》亦稱妻姊夫婦為「次姊
姊夫」，是妻族亦兼可相呼行第，這與上面所錄「與妻父族書妻姑姊附
之」稱伯叔姑行第是一致的。
　　P.3849 所錄「黃門侍郎盧藏用《儀例》一卷」，內中說到：

　　舊儀從父兄與弟書末稱名，亦此為昆季本多，每房自論行第；
〔不〕加名無以分別。至於通計長幼，次第素定，豈煩加名以自疏外，
今亦不取。[6]

　　這裡是說信末署名，涉及本房內小排行和族內大排行的問題。說
明一般情況下，兄弟是以行第相稱，不應加名以顯得生分。
　　行第既被書儀作者列為規定之稱，且它在書儀中又如此大量並自
然而然地出現；那麼行第之稱在書儀中的使用是不是完全帶有隨意性
呢？
　　我們知道，行第之稱作為家內稱呼最早是在兩晉南北朝。《顏氏家

5　P.3637，《法藏》（26），2002 年，第 181 頁，以下引本卷者，不再一一說明。

6　《法藏》（28）P.3849，2004 年，第 366 頁，以下引本卷者，不再一一說明。

訓》卷二稱：「凡與人言，言己世父，以次第稱之；……凡言姑姊妹女子子，已嫁，則以夫氏稱之；在室，則以次第稱之。」又道：「凡親屬名稱，皆須粉墨，不可濫也。……父母之世叔父，皆當加其次第以別之；父母之世叔母，皆當加其姓以別之；父母之群從世叔父母及從祖父母，皆當加其爵位若姓以別之。」「粉墨」二字，王利器《集解》以為應從盧文弨說解作修飾[7]，可見行第之稱即使用於家內，也有一定的對象場合。書儀的作者盧藏用、杜有晉已知是生活在行第已普及的武則天、玄宗時代，但他們的書儀顯然亦不能認為是簡單地追隨流俗。誠如論者已指出的，盧氏、杜氏出身於世家大族，其所作書儀不僅是寫信的程式範本，也是士大夫們的生活指南與行動準則，所謂「士大夫之風範〔蓋〕在是矣」，書儀對於禮法的實用指導意義，遠遠超過了它作為寫信模式的需要。書儀的核心是賴以明尊卑、定等級、別親疏的禮，因此它在儀制上即不能不承繼南北朝以來的大族遺俗而極為講究。寫信中的稱謂也是如此。如杜氏《吉凶書儀》即將「四海吉書儀」區分為「與極尊書」、「與稍尊書」、「與平懷書」、「與稍卑書」及「與卑者書」這五種等級規格。通過不同的稱謂及格式、語言的細微差別，形成寫信人對收信人不同的態勢和語氣。而由於各類稱謂本身即有其特定的含義，所以這方面的作用常常一望而知。行第作為稱謂之一，其特點即很突出。如《新定書儀鏡》（P.3637）在「四海弔答書」的《弔弟妹亡書》有：

凶故無恆 ^{妹云厶氏妹，
族云厶次娘。}

7　（北齊）顏之推撰，王利器集解：《顏氏家訓集解》，上海古籍出版社 1980 年版，第93頁。

又 P.3637《新定書儀鏡》「婦人書題廿首」內《與妯娌書》封題曰：

謹通　次伯母^{侍者}　ム氏次新婦狀^{有群（郡）}_{名任稱。}封

兩處註文中的「妹云ム氏妹，族云ム次娘」與「有郡名任稱」語，說明行第作為家內稱呼仍是與姓氏門第、與郡望連繫在一起的。這又一次證明行第是門第與族望的標誌。在某些時候，它與姓氏族望一起使用，是可以顯示身分的。這樣一來行第之稱便有著兩種作用，其一是表示對於自己或他人家族、門第的敬重，其二是說明或突出稱呼者、被稱呼者的身分、地位。而由於有著這樣的作用，行第的稱用便仍有著不同的使用方法與對象場合。儘管我們所見到的行第之稱既有尊長對卑幼，也有卑幼對尊長，其方式範圍與《顏氏家訓》所說已未必一致，但在書儀中何時可用以及用在什麼地方卻仍是頗有分寸的。

　　以我們上面所舉杜氏《吉凶書儀》中的六通書儀為例。六通書儀中，第三、四、五、六首都是屬於晚輩給長輩，也即卑幼給尊長的。這四首在書儀的開頭部分都對收信的尊長自稱名，唯外孫女或因是非本家，而給外祖父母或外伯叔祖的信是以「某氏次第女」取代自己的名字，信末也無不是用自稱名而言再拜的形式。信中涉及自己的亦是稱名而不稱行第。反之，在「謹封」以下的封題部分，對於收信方的尊長卻要稱以行第，如次第伯叔姑等。但六通書儀中的前兩封《與弟妹書》、《與子姪孫書》是屬於長對少或尊對卑的。所以信末作為寫信人的兄姊、伯叔（或祖）自稱行第，對收信人卻用了「名省」、「名發」這樣上對下的語氣。與後四封截然不同。連繫《顏氏家訓》所說對己之世父（伯叔）與父之世叔父（伯、叔祖）須稱行第的情況，給人的印象是行第之稱除為分別次第外，還相對顯得尊重，而為表示謙卑才

稱名。這，或許就是《家訓》所謂「粉墨」之意。在家族內外，長少之間，無論如何，以上原則是不能被顛倒的。

在吉書儀中，還必須用及行第的是通婚書。P.3442《吉凶書儀》的《通婚書》形式如下：

通婚書　皆兩紙真書，往來並以函封。內左右名白書，亦云號，亦云次第娘，所以敬禮。

月日，名頓首頓首。闊敘既久，傾屬良深（以下略）。願敬德厚，謹遣白書不具。姓名頓首頓首。名白：名第某息某乙 弟云某某乙，侄云第 8 〔第〕某兄弟某子。未有伉儷，承賢若干女 妹侄孫 隨言之。令淑〔有聞？〕，願托高媛。謹因姓某官位，敢以禮〔請〕。姓名白。

以上《通婚書》用的是「兩紙真書」的覆書形式[9]。求婚的一方必須在第二紙的「名白」之下說明己子或弟、侄的行第，以及對方的某女。而答婚的一方，也要在答婚書的同一位置，說出「第某女 妹侄孫 隨言之。四德無聞，未閑禮則；承賢某息隨來書，顧存姻好，不敢敬違 亦云敢不承命，又云敬承來命。」之類的客氣答語，內中也清楚地道及女兒的行第。求婚答婚用行第來說明締結婚姻的雙方是哪一子哪一女本是必須的。但值得注意的是《答婚書》中還指明求婚方的家長在書左右名白時，可以「云號，亦云次第娘，所以敬禮」的書法。「號」自然是指男子，而次第娘者固指婦女。另見書末的封題有：

8　原文作「侄云　弟某兄弟某子」，前一「弟」字應作「次第」之「第」。

9　參趙和平《新定書儀鏡》題解。文詳《敦煌寫本書儀研究》，第 371-375 頁。

郡姓名白書若尊前人，即云某郡官姓名。

謹　謹通某姓位公閣下

第一行是求婚的一方自稱，第二行是稱對方。小字註中的「前人」仍指求婚對象也即對方家長。而「謹通某姓位公閣下」的「位」字即指官位。按照通常的慣例，求婚方的家長要稱呼對方的官稱，無官也要代以相應的位號；而且在署明自己的郡望姓名之外，也可以加上官封。這是為了表示鄭重，更是為了表示對對方的尊敬，表示地位配得上對方。

稱呼他人或署明自己的官位是出於對官爵之崇重。可以説，在唐太宗修《氏族志》，「欲崇我唐朝人物冠冕」和武則天修《姓氏錄》，「各以品位為等第」之後[10]，唐社會已愈來愈發展為一個官本位的社會。「氏族之盛，實繫於冠冕」[11]的意識不僅主宰了統治階級的門第觀念，也感染了庶民百姓之世風。敦煌寫本書儀及傳世文集中，官稱官名的稱呼隨處可見就是這一道理。但是，受傳統觀念影響，在唐人的心目中，又是官族並重，官婚與族望俱美。這樣在稱官爵同時，族姓便是不可少的。特別是對於婦女來説，何以表示身分？除了姓氏行第之外便沒有更好的方式。這樣我們在書儀中，便常常可以見到男子稱官稱號，而婦人卻稱呼行第的情況。如前舉 P.3442《吉凶書儀》中《與表丈人及表姑姨表兄姊書》封題：

10　語出《唐會要》卷三六《氏族》貞觀十二年正月十五日條、顯慶四年九月五日詔，上海古籍出版社 1991 年版，第 774-775 頁。

11　《冊府元龜》卷一五九《帝王部・革弊》貞觀十六年六月己酉詔，中華書局 1960 年版，第 1920 頁。

　謹　　　　　封
某姓位丈人兄某氏姓次第姑姨座前_{外甥、內外弟、姨弟侄姓名疏。}

很顯然，「丈人兄」用「姓位」，而姑姨卻用「某氏姓次第」（當然，這是對長輩，對小輩的外甥、弟、侄便直呼其名了），是「次第」與官「位」相對而言。更有意思的是前舉 P.3637《新定書儀鏡》夫妻互通書儀，妻子給丈夫的信末「月日厶氏白上次郎執事」，及封題「謹上　次郎執事　厶氏內白封」，都是稱丈夫為「次郎執事」，而己僅稱姓顯得語氣、地位稍卑。丈夫給妻子的信末「月日位姓名狀通」，封題「位姓名狀至厶所通狀　次娘子侍者封」，稱妻為「次娘子」，而己則署官「位姓名」。其「位」與「次」者似暗相對應，並喻夫之地位尊重，口氣雖謙而不卑下。其微妙處若非仔細比較體會，則不得而知。

　　也正是出於表示身分的內涵，故婦女稱行第便較男子為更多。《吉凶書儀》中的婦人書題一類中頗有婦人與家族內外通信中相稱行第的情況。P.3637《新定書儀鏡》在「婦人書題廿首」下註云：

　　若修弔書，即于內外族弔書，依尊卑改換首尾取用，首云次第新婦娘言，尾云再拜，不得云頓首等語。

「次第新婦娘言」是結婚後婦女的自稱，其並不限於是日常問候的吉書還是告哀弔喪的凶書。其中次第者，據 P.3442《吉凶書儀》中「婦人吉書儀」《與夫之祖父母父母書》對「大新婦」之首稱註曰：

　　以夫之弟（第）數稱次弟（第）。

知是以夫之行第論數。婦人《與夫之祖父母父母書》首稱「大（即次第）新婦言」，末稱「人新婦再拜」。《與夫之伯叔父母姑姨姊書》也如是，唯末「大新婦」下還要註明姓氏。又封題：

謹　　　　　封

右邊云次第家某氏姑姨座前大新婦姓言疏，夫云（之）姊云白記。

即對丈夫的長輩親戚也稱行第。《與夫之妹書》同於姊，末稱「大新婦姓白」，封題則曰「大新婦姓白書，謹諮某氏次第娘子亦云次第姓前」，其妹云次第，則是以之在娘家行第論。當公婆與兒婦答書時，也用「阿家告厶（某）氏次新婦」，「阿家書至厶所付厶氏次新婦」的結語和封題稱婦之行第。

「次第新婦」既是已婚婦女在夫家的稱呼，並一般用於公婆及夫之平輩、長輩親屬前，其所用場合、對象與婦女在娘家所稱的「次第娘」便是不同的。從婦人與妯娌書（夫之娣、嫂）和己之娣、嫂書中可以清楚地看到這一區別。

在 P.3442《吉凶書儀》的「婦人吉書儀」《與姒書即夫之兄妻》、《與娣書即夫之弟妻》中，用了「二娣」、「大姒」這樣的自稱，封題中也有「謹通大姒前」或「謹還亦云諮二娣左右」這樣的用語。這自然是從婦女在夫家的關係而論。《新定書儀鏡》略有些不同，但性質是一樣的。內中《與妯娌書》稱嫂為「伯母」，自稱為「兒」。末云「月日厶氏次新婦狀通　次伯母_{侍者}　謹空」，封題亦云「謹通　次伯母_{侍者}　厶氏次新婦狀_{有群（郡）名任稱}。」。嫂答書亦稱對方為「次叔母」，末言「謹狀　厶氏叔母_{左右}　月日厶氏伯叔〔母〕狀通」。而「謹空」之下的封題則曰「通　厶氏次叔母　厶氏次伯母狀　封」，同樣是以婦女在夫家之

次第互稱，不過互稱之姓氏即婦女在娘家姓氏。

　　婦女給本家的兄嫂或弟婦書信稱呼則不同。《新定書儀鏡》的婦人《與嫂書》中對兄嫂稱次哥次嫂，嫂之行第自以兄論。末言「謹狀　厶嫂_{侍者}　_{月日厶氏次姑狀通}」，封題曰「謹通　厶氏次嫂_{侍者}　厶氏次姑書至厶所通送厶氏嫂封」。嫂答書也稱對方為「次姑」。同樣，《吉凶書儀》中有婦人《與弟婦書》，除依兄弟次第稱弟婦為「次第新婦」外，自稱也是「某氏次第姑」。「次姑」或「次第姑」是婦女在娘家的行第，而厶氏者，卻是夫家之姓氏。這與上面所說的稱呼法截然相反。已婚婦女用夫家姓氏而兼娘家本族行第，符合《顏氏家訓》所說「已嫁，則以夫氏稱之；在室，則以次第稱之」，而兩者結合，正是唐代婦女婚後在娘家的稱呼。韓愈有「祭周氏侄女（二十娘子）文」、「祭李氏二十九娘子文」都是祭本家侄女、侄孫女的[12]。因此，稱用夫家次第抑或娘家次第，完全要根據婦女交往、修書的對象是夫家還是娘家戚屬而定，正式場合也與婦女作為哪一方代表出面有關，這一點在書儀中也是比較易於辨別的。

　　行第由於來自家族，因此，凡與家族事務有關和必須表明本人作為家族成員身分的事常常要用及行第。婚喪嫁娶即家族中最重大事務，因此除通婚書一類，喪儀中的告哀、弔答書信也都有稱用行第的問題。十分值得注意的是這類書儀中常常對亡人稱呼行第。如 P.3442《吉凶書儀》內外凶書儀類《伯叔祖父母喪告答祖父母父母姑書》稱：

　　　月日名言：禍出不圖，次第翁婆傾背。

12　（唐）韓愈：《韓昌黎集》卷二三，《國學基本叢書》第 5 冊，商務印書館 1933 年版，
　　第 66-67 頁。

《伯叔父母姑喪告答祖父母父母伯叔姑兄姊書告答弟妹，諸卑幼附之》：

月日名言：……某伯叔、伯叔_{次第姑}^{母，某氏}傾背。

同樣，《兄弟姊妹喪告答祖父母父母伯叔兄姊書》稱：「次第兄^{某氏次}_{第婦}傾背」，《外孫外甥喪告答外族書》：「外孫名外甥^{亦云姓次}_{第外甥}。」《內外兄弟婦喪告〔答〕兄弟書亡者之夫》：「次第嫂傾逝弟婦　次第新婦殞逝。」其中對男子也可以官位相代。如《內外表姨兄弟姊妹喪告答內外祖及父母姑姑夫舅姨姨夫書》：

姓某位兄^{某氏姓}_{次第姊}。傾逝^{弟妹云}_{殞逝}。

當然稱官位或稱行第對於死者並不是必須的。但是如此稱呼顯得隆重而正式。此見於祭文者尤多。如 P.3637《新定書儀鏡》夫祭婦：

年月朔日官位姓名以清酌庶羞之奠敬癸（祭）于厶氏次娘子之靈。

婦祭夫：

維年月朔日厶氏新婦以少牢之奠敬癸（祭）于故官位次郎之靈。

存世唐人祭文也多如是。如白居易《祭符離六兄文》稱：「維貞元十七年某月某日，從祖弟居易等，謹于於符離主簿六兄之靈。」《祭烏江十五兄文》：「維貞元十七年七月七日，從祖弟居易，謹以清酌庶羞之奠，

敬祭於于烏江主簿十五兄之靈。」[13]韓愈《祭十二兄文》「月日，從父弟某官某乙，謹以清酌庶羞之奠，敢昭告于十二兄故虢州司戶府君之靈。」《祭涤文》則用了「維年月日，十八翁十八婆盧氏，以清酌庶羞之奠，祭于二十三郎涤之靈」的語氣[14]，即作為長輩不僅對孫涤稱行第，其自稱也以行第。行第並經常與官位合稱，親屬之間竟也是如此，成為唐人稱謂中一個十分鮮明的特徵。

　　從《吉凶書儀》及《新定書儀鏡》的內外族（或稱五服）告哀書儀和祭文中都可以看到，在行第的稱用方面，其長少、尊卑間仍有一定的規範和界限。如長對少（包括兄對弟）、尊對卑稱呼行第或名均比較隨意，自己也可以行第稱。如自稱次第伯叔姑兄姊等。但少對長，一般應呼行第兼伯叔姑等敬稱，己則以稱名為多。平輩之間，雖可以行第相呼，但是年少在下者，語氣稍示謙卑，自稱名時也較多。因此在內外家族之間，行第屬於較尊敬之稱。這一點在吉凶書儀以及各種婦人書儀中是一致的。不過在敦煌後來的書儀中，這些區別已不是十分明顯。如在大中時期張敖《新集吉凶書儀》中，雖《夫與妻書》夫尚自稱厶，並對妻有「伏惟弟（第）幾娘子動止康和」，「厶狀通幾娘子右（左）右」諸語[15]，「幾」自然就是行第；但在大多數情況下，凡原以「次」或「次第」標註者，都概以「厶（某）」代替。如凶儀的《妻亡告妻父母伯叔等》書稱「厶言：不圖凶禍，厶娘喪逝」，「厶娘子盛年」。口弔儀中《姑亡弔姑夫》稱：「厶姑傾逝」，《姊妹亡弔姊妹夫》：「厶姊傾逝妹　殂逝」；又如《弔人姨舅》答語稱：「厶舅厶氏姨傾逝」，

13　《白居易集》卷四〇，中華書局 1979 年版，第 892、894 頁。

14　（唐）韓愈：《韓昌黎集》卷二三，《國學基本叢書》第 5 冊，第 62、67 頁。

15　P.2646《法藏》（17），2001 年，第 88 頁，錄文並參見趙和平《敦煌寫本書儀研究》，下同。

《弔人女婿》稱：「賢厶郎殞逝。」而答語稱「厶郎殞〔逝〕」[16]。由於「厶」既可以代姓、代名，也可以代行第，所以何時用行第、何時用姓名規定得已不十分清楚。說明唐後期敦煌社會行第的應用已不十分講究。何以如此？張敖書儀已知是從元和時鄭餘慶等所撰《大唐新定吉凶書儀》「采其的要，編其吉凶」而來[17]。元和中行第之稱已極為普及，那麼，是不是這種不加區分的方式是行第流行後逐漸濫稱濫用的結果呢？抑或是唐後期社會士族式微、禮崩樂壞的反映？兩種可能兼而有之。不過，當一種事物被普及之後，它便常常會失去本身原有的意義和內涵，而這一點或正是行第之稱雖愈來愈多而濫，但尊卑上下之稱用界限卻愈來愈不分明的最主要原因吧？

（二）行第的使用對象、場合及「四海平蕃破國慶賀書」中的行第

行第雖來自家族排行，但由於它既可表明身分，復可取代名字而表達敬意，故稱用已不限於家族內外，五服之中。從唐人的實際生活中可以看到，行第之稱除了用於稱呼親族戚屬，也被廣泛地應用於官場上下、友朋之間。敦煌寫本書儀於此也可提供範例。如 P.3637《新定書儀鏡》的「四海弔答書儀」部分，有《弔起服從政》書，內有「惟位次郎動靜支豫」，末稱「位姓名頓首　位次郎服前」，即去書稱對方的官位行第，答書也同樣。又如《弔兄姊亡書》、《弔弟妹亡書》末也同有「姓名頓首」及「謹通　姓位次郎服前　郡姓名疏（或郡姓名慰）

16　P.2622《法藏》（16），2001 年，第 317-318 頁，錄文並參見趙和平《敦煌寫本書儀研究》。

17　P.2646《法藏》（17），第 85 頁。

封」的封題。「官位次郎」的合稱固然是一種比較客氣的稱法，當然對於相識朋友，也可直接呼行第。如《新定書儀鏡》「五服告哀書」有《彼此重服相與書》，末題「孤子姓名頓首　月日　姓次郎服前」；《重服內尋常相與書》，末題「孤子姓名頓首　月日　次郎服前」。從書儀名稱的「相與」一詞及書中口氣看，這兩封書儀並非屬五服告哀書儀，而是朋友書儀。朋友間彼此稱呼「姓次郎」、「次郎」是常見的。

　　吉書儀這方面的成例更多，而且也是有規律可循的。《書儀鏡》的「四海書題」下有「重書」及「次重書」兩種屬官場應答的書儀。其「重書」及答書示範如下：

重書相國、左右丞相、御史大夫、中丞、侍御、六尚書、三公九卿、節度使、太守同。

　　孟春猶寒，伏惟　官位公尊體動止萬福。即此蒙恩，如有事意，即于蒙恩之下論。所守有限，拜奉未由，無任下情，伏增馳戀。謹遣使次即謹因厶官厶乙使次即云奉狀　起居不宣。謹狀。官位公閤下　月日行官姓名狀上。

　　謹謹上　　　位公閤下　　行官位姓名狀上封重封官位姓名狀至厶所，去皮送厶官。

　　答書

　　使至，辱厶月日書為慰。春寒，惟動息清宜。此厶常遣，何當祗對，但搖（繇？）然。因人還粗此無俞（喻）。謹狀　　　月日官位姓名狀通　姓位郎侍〔者〕，任從所稱。

　　謹空　　　官位姓名書至某所通送　姓位次郎[18]

　　值得注意的是這兩封書儀在稱謂和用語方面都截然不同。重書稱

<hr>

18　S.329 和 S.361，《英藏》（1），四川人民出版社 1990 年版，第 132、151 頁，

對方為「官位公」，末題和封題也是「官位公閣下」或是「位公閣下」，己稱亦是署名官職並加上姓名。對人對己都未加行第。從稱呼和書中「奉狀」、「謹狀」及封題中用了兩個「謹」字的「謹謹上」語氣來看，寫信人對收書人顯得極為恭敬、鄭重。相反，答書的語氣卻顯得寬容隨便。書自稱「厶（某）」，末及封題雖署官位，但對對方稱呼「姓位郎」或「姓位次郎」也即官稱之外，還可加以行第「郎」稱，其居高臨下的語氣十分明顯。

　　按，據書儀重書及次重書等的分別乃在於收書人之地位。書儀作者明謂重書是給「相國、左右丞相、御史大夫、中丞、侍御、六尚書、三公九卿、節度使、太守」等重要高官的。因此，「重書」在書儀規格級別上，即相當於杜氏《吉凶書儀》的「與極尊書」。反之，答書即相當於「與卑者書」。官場中對極尊者為表鄭重，一般不當面直呼行第（當然相熟相近者又可除外）。但是高對低、長對少稱呼行第及厶郎卻相對隨意，且頗有親切感。這就是為什麼重書去書內不見稱行第，而答書中卻出現行第之稱的緣故。

　　次重書的規格比重書低一級，它的級別相當於《吉凶書儀》的「與次尊書」，而答書即相當於「與稍卑書」。杜氏《書儀鏡》將《與僧尼書》、《與妻父母書》、《與姊夫書》、《與親家翁〔母〕書》、《與妻姨舅姑書》等都歸於這一類。另外，次重書內也有官場往來之範例。其去書除有「伏惟　公尊體動止萬福」一類套語外，末亦說明「題如前重書」。答書內除有「惟官次郎動息兼勝」語外，末亦有「月日官姓名狀通　姓位次郎_{侍者}　謹空」及「謹通　姓位次郎_{侍者}　官位姓名狀封」的署名和封題。其相互稱呼基本同於重書原則。唯去書用語不如重書隆重，答書口氣更加和緩、親近，顯示二者地位差距不如重書之遠。而行第之稱在「與稍卑者」的答書中一再出現，尤可起到示親切及融

和感情之妙用。

　　重書、次重書等級之外，按照規格還有平書。平書應是給同輩或地位相近之朋友的。平書的行稱更隨意，前揭凶書儀《彼此重服相與書》、《重服內尋常相與書》即屬這一類。而在這方面，吉、凶書儀也應是一致的。

　　唐人於官場、友朋間相稱行第的情況，拙文《從唐代碑誌看唐人行第》已有過論述，這在傳世文獻中反映也十分突出。唐人現實生活中，雖有唯論交誼，不計年輩地位，直呼行第的情況。不過總的來看，官場中行第仍基本上服從於官位，且與官位並稱。此點書儀規制也是如此。而由於稱呼行第加官稱，親切之中，不失敬意，所以寫信的雙方，又可視交誼而定，不必完全受書儀規格的限制，這在《書儀鏡》的「四海平蕃破國慶賀建」中也有相當多的成例。

　　「四海平蕃破國慶賀書」是杜氏《書儀鏡》中很特別的一部分內容。它不見於《新定書儀鏡》，而且，與這件書儀的其他部分體例也不甚合。它所收載的書信，並不僅僅是一些格式套語，而是涉及一些具體的事件和人名地名，關係到唐與吐蕃等外族在西域的戰事。前不久榮新江先生已據此提出《書儀鏡》是一件安西書儀，其作者也不是杜有晉的意見[19]。筆者認為此點尚值得繼續探討。就信件本身的內容看，由於信的主人公們彼此以官名兼行第相稱，從稱呼及所書事件便不難斷定他們是主持、策劃或者親自領導這些戰事的高級軍政長官。例如其中一封言道：

19　見《敦煌本〈書儀鏡〉為安西書儀考》，載《潘石禪先生九秩華秩敦煌學特刊》，文津出版社 1996 年版，第 267-273 頁。

　　將軍某乙至，奉少（書）問及，不勝悚戀。孟冬漸寒，伏惟　中丞公動止萬福。某乙不才，濫蒙驅策，權（權）知監後，已經廿旬。忽聞二兄全師而還，抃躍無喻。實　天恩遠備（被？播？），二兄良謀，一舉驍雄，群戎蕩滌，自己降則刀升（刁斗）不擊；衡朝自駕，數百年秋林胡無束（東）顧之心。在四鎮中，聖上罷西軫（同畛）之望。某乙位者，誠如是言哉！尋於路旁拜慶，謹遣卒（？）某乙將少糧蹹兼及武土（士？）鞋襪等，奉狀先賀。未間，但增快志。不宣，謹狀。[20]

　　此信開頭用了「奉少（書）問及，不勝悚戀」、「伏惟　中丞公動止萬福」之類的套語及問候。信中提到自己，稱「某乙」或「某乙位」，也即自稱名或加上官位。末稱「奉狀先賀。……不宣，謹狀」，語氣顯得十分恭敬。按據 P.3849《通例第二》稱：

　　凡〔下〕情不其（具）、不宣、伏惟、伏願、珍重等語，通施尊長。

張敖《新集吉凶書儀》：

　　凡言伏惟謹空、^{謂前人高大于}惟後空、^{謂平懷己下}敬惟敬空。^{謂前人卑于己}
　　　　　　　　^{己，即可言之。}　　　　^{即可施之。}　　　　　　^{者可施之。}[21]

張敖《新集諸家九族尊卑書儀》內《封題樣》亦稱：

20　S.329，《英藏》（1），第 132 頁。

21　P.3284，《法藏》（23），2002 年，第 46 頁。

伏惟者，謂前人尊于己並可言之；如平懷空言惟；如前人卑小即言敬惟、敬願；絕重云謹謹上厶官閣下。[22]

由是知伏惟、不宣諸語均用於下對上、卑對尊。而諸如馳戀、戀結、悚戀之類的用語，書儀中也是統施於尊長的。據上引杜氏《書儀鏡》中重書及次重書的格式，重書中稱呼收書人應是「官位公」，次重書唯稱「公」，則此書似更符合重書規格。但不同的是，此信在稱「中丞公」的同時，還表達了「忽聞二兄全師而還，抃躍無喻」的歡喜心情，對取得的勝利加以「二兄良謀，一舉驍雄，群戎蕩滌」之類的吹捧。給人的印象是，這個「二兄」就是作為收書人的「中丞公」。而信的作者，由於是「濫蒙驅策，權知監後」，並遣卒為中丞送去一些「糧踏兼及武士鞋襪」，所以顯然是中丞出征之際派駐軍鎮的留後官。他呼長官中丞為「中丞公」，應當是從受其驅使的官職地位出發，而稱其行第為「二兄」，卻是憑藉著彼此的交情。「中丞」即御史中丞的簡稱，它在安史之亂以前，往往是資深的邊鎮長官節度使的兼官。根據「二兄」身為中丞而統兵取得西域大勝的情況，我懷疑這個「二兄」也就是另一封信中行第與之相同的「二郎」。其信曰：

使至辱問，深慰馳情，孟秋尚熱，伏惟　公動止勝眲。某乙幸推遣，即此將軍違和，竟未瘥損。西蕃（？）事意，前狀具呈。二郎遠涉巍途，實當難弊。伏承擒獲生口數百餘人，吐蕃投降，莫知崖際。且未動兵甲，凶丑來賓；勃律小蕃，滅亡在即。此皆　聖恩遠備（被？播？），中丞良謀，凡所知聞，莫不欣慶。各限王事，拜賀未由，謹因

22　P.3502v，《法藏》（24），2002年，第373頁。

王惟翼赴軍，謹奉狀不宣，謹狀。[23]

　　此信對收信人的問候「伏惟　公動止勝脈」，稱「公」而非「官位公」，顯然是用了稍低一等的次重書規格。但信中既推功「中丞良謀」，又稱讚「二郎遠涉巇途，實當難弊，伏承擒獲生口數百餘人」，說明「公」非但即是中丞，也是實地領兵作戰的「二郎」。作書人自稱「將軍違和」，又說與對方是「各限王事，拜賀未由」，說明其地位相差未遠，也可能是在另一地指揮作戰的別一軍鎮長官。由於信中提到與吐蕃作戰及「勃律小蕃，滅亡在即」事，榮新江提出其或指天寶六載（747）高仙芝滅小勃律，或指天寶十二載封常清平大勃律[24]，然尚不能肯定。筆者以為，僅就信的內容而言，兩者固皆有可能。高仙芝在平小勃律途中與吐蕃進行過大戰，是兩《唐書》本傳及《資治通鑑》等史書明確和詳細記載了的。封常清平大勃律的經過，《資治通鑑》天寶十二載末也有簡略記載：

　　是歲，安西節度使封常清擊大勃律，至菩薩勞城，前鋒履捷，常清乘勝逐之。斥候府果毅段秀實諫曰：「虜兵羸而屢北，誘我也；請搜左右山林。」常清從之。果獲伏兵，遂大破之。[25]

23　S.329，《英藏》（1），第 131 頁。

24　按：榮文並據原信中「且未動兵甲，凶丑來賓」一語，認為「且未」當作「且末」，故信中事也與高仙芝天寶八載戰播仙或封常清天寶十三載破播仙事有關。然據上下文意，似仍作「且未」通。且信寫於「勃律小蕃，滅亡在即」時，不可能又涉及播仙，今不取。

25　《資治通鑑》卷二一六，中華書局 1956 年版，第 6920-6921 頁。

「菩薩勞城」，兩《唐書‧段秀實傳》作「賀薩勞城」[26]。然段傳及《通鑑》對於「虜兵」均無特別說明。據《新唐書》卷一四六下《西域傳》下，大勃律「直吐蕃西，與小勃律接」且「役屬吐蕃」。唐朝軍隊如攻大勃律，也必與吐蕃接鋒。「前鋒履捷，常清乘勝逐之」，如指吐蕃是可能的。

但是高仙芝及封常清二者究竟為誰呢？據《舊唐書》卷一〇四《高仙芝傳》，仙芝破小勃律時，官為安西副都護，四鎮都知兵馬使，滅小勃律後，方「制授鴻臚卿、攝御史中丞，代夫蒙靈詧為四鎮節度使」，所以，如果我們關於信中中丞即「二郎」看法是正確的話，則帶兵「實當難弊」者便不會是高仙芝。相反，據同卷《封常清傳》，天寶十一載長清平大勃律之前已為安西副大都護，攝御史中丞，持節充安西四鎮節度支度、營田副大使，知節度事。傳又載仙芝被監軍邊令誠所殺，時常清已先死：

> 仙芝又目長清之屍，謂之曰：「封二，子從微至著，我則引拔子為我判官，俄又代我為節度使，今日又與子同死于此，豈命也夫！」遂斬之。[27]

其「封二」一稱，與二郎、二兄行第恰好相合。如所推不謬，則統兵者的中丞是封常清的可能就更大些。上述兩封書信看來也皆與平勃律事有關，不同的是，由於唐距勃律絕遠，其中一封寫於他初取勝的「孟秋」（七月），而另一封則已經是他即將返還的「孟冬」（十月）

26　分見《舊唐書》卷一二八《段秀實傳》，中華書局 1975 年版，第 3583 頁；《新唐書》卷一五三《段秀實傳》，中華書局 1975 年版，第 4847 頁。

27　《舊唐書》卷一〇四《封常清傳》，第 3211 頁。

了。其間相距三月有餘，正是從大勃律回安西在路上的時間。來回則超過二百日，也即前揭第一信中所提到的「權知監後，已經廿旬」。信主人任留後的時間與大使出征的時間也顯然是一致的。至於攻勃律所需要的時間，則可從《舊唐書·高仙芝傳》中記其攻小勃律的時間推算：

自安西行十五日至撥換城，又十餘日至握瑟德，又十餘日至疏勒，又二十餘日至蔥嶺守捉，又行二十餘日至播密川，又二十餘日至特勒滿川，即五識匿國也。……約七月十三日辰時會于吐蕃連云堡。……天寶六載八月，仙芝虜勃律王及公主趣赤佛堂路班師，九月，復至婆勒川連云堡。其月末，還播密川，令劉單草告捷書，遣中使判官王廷芳告捷。[28]

根據上述記載，則從安西至播密川，約需八十日左右，至特勒滿川，已超過百日（《資治通鑑》卷二一五天寶六載也記作「百餘日」）。此後作戰至取勝還播密川，大約又有近三月。這樣加起來已經是近二百日，還沒有計算從播密川回安西的時間。前揭書儀記取勝的季節與仙芝取勝的時間差不多。大概都是春夏之交出發，孟秋取勝，至冬方能返還。而根據這一計算，信中封常清的軍隊在孟冬之際大概已過了播密川、蔥嶺守捉，也即距安西鎮已不算太遠了。在仙芝、常清所率安西四鎮與諸國的交戰中，與大小勃律征戰是費時最長者，其餘諸國，包括播仙、石國等，苦則苦矣，但時間卻用不著半年以上（這一點只要查閱一下史料記載及地圖位置，計算一下距離、路程便可以瞭

28　《舊唐書》卷一〇四《高仙芝傳》，第3203-3205頁。

解了）。

　　此外，筆者認為信主人公更可能是封常清，還因為兩信不但用了諸如「天恩遠備（或聖恩遠備〔被、播〕），中丞良謀」之類幾乎相同的贊語，而且所說「且未動兵甲，凶丑來賓」及勝後「聖上罷西軘之望」也與史料記載封常清平定大勃律的經過及學者所論封氏任節度使時期的西域形勢更加相近[29]。

　　總之，我們從兩信的官稱行第及信中的修辭書法等，推斷其事件的主人公有可能是封常清，從而其書儀的年代便至少是天寶末年。由此可知，除了信中提到的歷史事實，寫信的行第官稱格式等，同樣可以啟發我們去瞭解這些書儀的來龍去脈。

　　除了二兄、二郎外，《四海平蕃破國慶賀書》中又有「大夫二郎子」、「大夫五郎」、「太守二弟」、「給事三郎子」等官名與行第的合稱。這些稱呼顯示了收信人的身分地位，儘管我們尚未能將史書中記載的人物一一對號入座，但從信的內容仍能得知他們無一例外地是開元、天寶中活躍在安西北庭的高級官吏和將領。正像我們前面已談到的，由於對收信人的稱呼是行第加官稱，所以，即使官職地位甚高，但書體格式卻不一定受重書、次重書的限制，而是完全因通信雙方的地位差距和關係而定。例如給「大夫二郎子」的信，即用了「惟　大夫二郎子所履清暢」的平懷間問候語。但給「大夫五郎」的信即用了「伏惟　大夫五郎動止勝念」的重書或次重書格式。後一封信語氣雖極為客氣，但看得出通信雙方是同在一鎮或相鄰二鎮的指揮官。信內有

29　參薛宗正《安西與北庭——唐代西陲邊政研究》（黑龍江教育出版社 1995 年版）和王小甫《唐・吐蕃・大食政治關係史》（北京大學出版社 1992 年版）。兩書均指出封常清安定西陲的功績。王書尤指出封常清任使時「唐朝對吐蕃的反擊取得了全面勝利，唐朝在西域的勢力也達到了極盛」，與信中所贊大體相合。

「某乙罪酷，亡過周載，觸目摧裂，痛貫心魂。不孝奈何！時逝奈何！遠承平賊破國，皆是五郎深謀，此之一切，實為善代，下情不勝悲慶。有限不獲遠迎，專于路左拜賀」語，似乎表明作書人正在服喪，故他感謝「大夫五郎」的出征，認為是代替了自己應盡的職責。二人的官職、地位似乎大體相當。稱呼「大夫」而綴以「五郎」，正可顯示其地位的平等與關係的親密。同樣，給「太守二弟」與「給事三郎子」的信也大體如是，稱呼尊而不疏，語氣謙而不卑。作書人或年、位比對方略高，或是平懷所與，充分體現了「四海」書儀中行第使用的規則及特點。

▲ 圖 12　S.329《書儀鏡》中的《四海平蕃破國慶賀書》

《四海平蕃破國慶賀書》中行第之稱的大量出現，進一步反映了唐官場中稱用行第的普遍性。筆者在以往的文章中曾談到權臣、閹宦喜他人稱己行第的習俗。現在看來，此習俗開、天中也已在邊將中流行。傳世史料如新、舊《唐書》及《資治通鑑》等所記德宗建中之際河北三鎮將帥以行第相呼，正為此世風之延續。而用官稱綴以行第這

一令今人或感到十分彆扭的稱用法，在唐人卻極其自然。其行第於官稱之下，最能反襯其官族並重的心理，也最能體現對他人的尊重。官以耀族，而族復烘托官位；在推崇、恭維對方官位的同時，亦不無因稱行第而感到的友情。這，或許便是行第官稱聯用之內涵所在吧？

（三）敦煌社會生活中的行第之稱及特色與傳世金石碑刻中的行第

地理位置偏於河西一隅的敦煌社會在禮儀風俗方面深受中原漢文化的影響，書儀無疑是傳播的重要途徑之一。作為禮儀規模範本的書儀，既可反映風俗，又不無指導、轉移風俗之妙用。敦煌寫本書儀中，既有那麼多關於行第的正式稱用法，則敦煌社會行第的普及便是順理成章之事。

不少敦煌卷子及其他資料中的行第之稱表明，敦煌社會行第之稱既不限於官民，其普及也是多方面的。例如 S.381 寫卷背面有兩件是祭文，其一為《僧惠繹妹什娘子等祭表姊什二娘文》，其二為《十二娘祭婆婆文》[30]；S.6347 有《癸未年十二月九日李進晟任八娘等祭弟十四郎文》[31]，其形式、用語及祭人祭主稱行第的情況，完全與敦煌寫本書儀的規定相符，說明書儀所規定的各類文體乃至行第稱用法已被敦煌社會普遍接受。

敦煌社會相稱行第的情況還見於一些社司轉帖、官府寺院財物人破曆、買賣借貸契約等官私文書中的官、俗人名。如 S.6214 乙卯年四

30　《英藏》（1），四川人民出版社 1990 年版，第 168-169 頁。

31　《英藏》（11），第 27 頁。

月十八日社司轉帖，有陰五郎、索三郎等人[32]。P.4716 轉帖殘片，有「兄弟社帽子、久子、人耶、七郎子平水」[33]。S.6233 年代不明〔西元 9 世紀前期〕付諸色觔斗破曆內有：「六月三日，付安三娘粟貳㪷，溥。」「□月四日，付黑女五娘青□□□□，溥。十日，付黑女及六娘子青麥共陸碩，溥。」[34]類似之例頗多，不能一一枚舉，但名字與行第常常混同使用，似乎沒有一定之規。

戶籍、差科簿及官府土地文書中，行第的使用較少，特別是戶內人口，甚至是屬於「黃、小」的男童、女童，也都用名字（有時看得出是暱稱或小名）而不用行第，這可能是為了避免混淆之故。唯有婦女作當戶的戶主，也有用行第稱的。如 S.514 背沙州敦煌縣懸泉卿宜禾里大四年手實，有「戶主宋二娘，年柒拾貳歲」，「戶主李大娘，年肆拾肆歲」[35]。但這種情況亦不多，這給我們瞭解其行第的排行問題帶來困難。不過，涉及戶口的文書也有一些例外，可使我們多少得窺其一二。如《敦煌社會經濟文獻真跡釋錄》第一輯錄有中國歷史博物館藏《唐年代未詳〔八世紀中期〕河西支度營田使戶口給穀簿計會（？）》。這件文書內營田戶中，有「戶陳崇之，五十六；妻張，卌一；女九娘，九；女什娘，六；女什一娘，二」及「戶康敬仙，卅六；妻石，卅三；姊大娘，五十六；女什二娘，十一；女毛毛，九；女妃娘，十五；男進興，六；女娘子，四；男進光，一」兩戶比較突出。每一戶人名後的數字是年齡。其陳崇之戶的「女九娘」似是長女而稱九娘。當然不可排除九娘前尚有姊已出嫁的情況，但「九」前如還有八個女兒皆嫁

32　《英藏》（10），第 195 頁。

33　轉錄自唐耕耦：《真跡釋錄》（一），書目文獻出版社 1986 年版，第 343 頁。

34　《英藏》（10），第 207 頁；並參唐耕耦：《真跡釋錄》（三），全國圖書館文獻縮微複製中心，1990 年，第 174 頁。

35　《英藏》（1），第 214、219 頁。

的情況似不大可能。康敬仙戶「女什二娘」放在首位，雖然按年齡還有「女妃娘十五」在前，但排行顯然也與「什二」對不上，這說明就敦煌的百姓而言，行第不一定是按同父出生的小排行，而有可能已經是按照祖、曾以上的大排行。

S.542v6 是一件沙州寺戶放毛女娘名簿[36]。令人驚奇的是，這件名簿中有曹八妻、趙八娘、梁什一、康四娘等近三十人是以行第稱者，約占總人數八分之一。敦煌寺戶中的放毛女娘自然屬於下層民眾。但其中行第次第較高者，有趙什七、郭什八、高廿娘等。根據敦煌所見戶籍簿，戶內有子或女十數人的大戶很少見。儘管從傳世史料得知，唐普通百姓中行第也有屬結拜性質的。但這裡的行第次第頗多重複。如稱「十一」者即有李、梁、趙、馬、石等五人，因此這種可能性不大，說明還是族內排行。楊際平等著《五一十世紀敦煌的家庭與家族關係》一書曾論及敦煌社會漢唐以來的家族組織是本著五世而遷的小宗宗法原則，「如這一時期的墓誌普遍記高祖以下至曾、祖、禰四代，士族之家立家廟者以四廟奉高、曾、祖、禰四代，修譜亦遵循五世易遷原則劃分宗枝世系關係，皆是其例」。而這一點顯然亦影響到家族的結構和排行第，並且其做法亦不限於士族。例如《唐天寶六載敦煌縣龍勒鄉都鄉里籍》內載有程姓住戶六戶。楊著根據起名習慣推論，認為程什住程仁貞兄弟曾祖程智，與程思楚兄弟曾祖程信可能是兄弟，也即程什住、程仁貞與程思楚三戶是同曾關係。另三戶程大忠、程大慶與程智意也至少是同祖關係[37]。按照同祖同曾關係建立的家族即其排行第的基礎。所以敦煌文書中會出現上述按家族排行的情況。這種排

36　《英藏》（2），第25-28頁。

37　以上並參楊際平、郭鋒、張和平著：《五一十世紀敦煌的家庭與家族關係》，嶽麓書社1997年版，第153-188頁。

行方式滲入一般百姓，進一步反映了世家大族的家族觀念對普通民眾的影響。

　　這裡順便要提到的是，吐魯番文書雖不是我們研究的重點，但是，貞觀十四年平定高昌後，中原文化對吐魯番地區的滲透顯然增加了。行第之稱在吐魯番社會同樣普及。例如阿斯塔那 206 墓出土的《唐課錢帳曆》與《唐質庫帳曆》是有關民間錢物借貸典當的文書[38]。在大量的課錢人名中，諸如郭二、劉八、孟五、高四阿姑、何七娘、馬四娘之類的行第之稱極為多見。由於墓主張雄之妻入葬時間為武則天永昌元年（689），可證此前行第在吐魯番社會也已流行。此外，丹丹威里克出土之于闐文書《唐大曆某年女婦許十四典牙梳等物舉錢契》末署「舉人女婦許十四年廿六」，《唐大曆十七年（782）閏正月行官霍昕悅便粟契》末署名有「同便人妻馬三娘」、「同取人女霍大娘」。同樣《唐建中三年（782）七月健兒馬令莊舉錢契》末舉錢人署名也有「同取人母范二娘」，「同取人妹馬二娘」[39]。行第在這些文書中出現，恰從一個側面反映了西域地區的漢化影響。

　　行第的稱用在某些場合確實帶有一定的隨意性，或出於普通人民交往的方便，並無特別的講究及要求。但是，有些場合卻不同。從敦煌資料中可以發現，凡是涉及喪葬、祭奠或施捨做功德的情況，稱用行第就愈多。喪葬、祭奠的稱用，前述書儀已有規定。而施捨與做功德，大都與對佛教的信仰有關。敦煌莫高窟唐、五代時期一些家族窟

38　見《吐魯番出土文書》貳，圖錄本，文物出版社 1994 年版，第 307-340 頁。並參陳國燦：《從吐魯番出土的「質庫帳」看唐代的質庫制度》，載《敦煌吐魯番文書初探》，武漢大學出版社 1983 年版，第 316-343 頁。

39　于闐文書並見陳國燦：《斯坦因所獲吐魯番文書研究》，武漢大學出版社 1995 年版，第 542-547 頁。

中的供養人題記即很有代表性，此處僅舉五代曹議金所建 98 窟及議金妹夫張淮慶所建 108 窟為例，並將有關曹議金姊妹及女、孫題記列表如下（供養人窟內排列位置略）[40]：

表 5　敦煌曹氏女姓供養人行第

與曹議金關係	98 窟題名	108 窟題名
姊妹	故姊第十一小娘子一心供養 出適慕容氏	故姊第十一娘子一心供養 出適慕容氏
	妹第十四小娘子一心供養 出適氾氏	姊第十四小娘子一心供養 出適氾氏
	故妹第十五小娘子供養 出適閻氏	
	妹第十六小娘子一心供養 出適張氏	故姊普光寺法律尼念定一心供養[41]
	妹第十七小娘子一心供養出適羅氏	妹第十七娘子一心供養出適羅氏
女兒	大朝大于闐國大政大明天冊全封至孝皇帝天皇后曹氏一心供養 （甘州聖天可汗天公主？）[42]	
	故女第十一小娘子一心供養 出適羅氏	故侄女第十一小娘子一心供養 出適羅氏

40　表參敦煌研究院編：《敦煌莫高窟供養人題記》（文物出版社 1986 年版，第 32-38、51-52 頁）；並參史岩：《敦煌石室畫像題識》（新文豐出版公司《敦煌叢刊初集》五，1985 年，第 86-95 頁）；謝稚柳：《敦煌藝術敘錄》（上海出版公司 1955 年版，第 88-99 頁）。

41　按據 108 窟題記，「姊第十四娘子」與「故姊普光寺法律尼念定」分別為東壁門北側供養人像列南向第二身、第四身題名。疑念定即 98 窟之「妹第十六小娘子」，而中間所缺第三身依次應為 98 窟所題之「第十五小娘子」。

續表

與曹議金關係	98窟題名	108窟題名
女兒	女第十二小娘子一心供養_{出適陰氏}	侄女第十二小娘子一心供養_{出適□氏}
	女第十三小娘子一心供養_{出適鄧氏}故女第十四小娘子一心供養_{出適翟氏}	□□□第十三小娘子一心供養 故侄女第十四小娘子是北方大回〔鶻〕國聖天可汗的孫一心供養_{出適翟氏}
	女第十五小娘子一心供養_{出適陳氏}	侄女第十五小娘子一心供養_{出適陳氏}
	女第十六小娘子一心供養_{出適慕容氏}	侄女第十六小娘子一心供養_{出適慕容氏}
孫女	第十一小娘子延勝一心供養_{出適陰□}	
	第十二小娘子延蔭一心供養_{出適陰氏}	

　　第 98 窟是曹議金的家窟，供養人宅內曹氏女眷，包括姊妹、女、孫女基本都依行第排列。其行第與 108 窟所列亦基本一致。108 窟被議金妹及妹夫張氏稱為「侄女」者，即 98 窟所列之議金女。結合另一曹

42　按據上《敦煌莫高窟供養人題記》108 窟東壁左第二身女像空。謝稚柳《敦煌藝術敘錄》記曰：「第二身，高五尺五寸，回鶻公主裝，題名剝落。」（第 89 頁）姜亮夫《瓜沙曹氏世譜》（載《敦煌學論文集》，上海古籍出版社 1987 年版，第 957 頁）認為應是議金妻回鶻李氏。然同列第一身題「敕受汧國公主是北方大回鶻國聖天可□（汗）……」已知即李氏，則第二身應為其身份較尊貴的女兒。又據 61 窟曹議金共 8 女。列在前者一女于闐皇后曹氏，另一即「甘州聖天可汗天公主」。由於于闐皇后曹氏之像在 108 窟已列入主室東壁右側，故此處當為另一女甘州回鶻公主。

議金子元忠所建 61 窟[43]，知這些女眷在 61 窟中大多是以封號，如譙郡夫人、譙縣夫人的身分出現，其人物也能與98 窟、108 窟相對應。但令人感到奇怪的是，98 窟無論曹議金姊妹或女、孫，其次第似乎都是自「十一」開始而依次下數，不知是不是一種巧合。曹議金究有多少姊妹不得其詳，但其女見於 98 窟者總有八人，據知唯有嫁作于闐國皇后和歸冊甘州回鶻聖天可汗天公主的兩位因身分特殊而置於其他供養人之前而未按行第敘列。參較與曹氏有關其他洞窟，都未見曹議金還另有其他女兒。此外，敦煌第 85 窟為晚唐潯陽郡翟僧統開建。其東壁南側北向第一身題名：「新婦小娘子即口（今）河西節度使譙郡曹尚書長女一心供養。」[44]曹尚書即曹議金。據第 98 窟中供養人題記其女第十一小娘子與第十四小娘子都出適翟氏。如果不算那兩位身分特殊者，且根據序數，則第十一小娘子就應當是 85 窟所説的「長女」。曹議金的孫女即以「延」字排行者，在 98 窟唯延勝、延蔭分為第十一、十二小娘子。但在 61 窟包括名延隆、延蔭者總有七人。雖未排行第，然延蔭仍列第二。98 窟為曹元德所建，61 窟為曹元忠所建。61 窟中延蔭等對元忠多稱「侄小娘子……」，唯一女稱「女小娘子延……」。此女從榆林第 12 窟供養人題名得知，應為曹元忠長女延鼎[45]。我頗疑第 98 窟中延勝、延蔭乃曹元德女，其排行序數也是親姊妹相連的小排行。曹氏女兒的排行為何自「十一」而始不得而知，它是不是曹氏家族的一種特殊排列法尚值得繼續研究。

除曹氏外，敦煌張氏、索氏、李氏等巨族望姓及其他上層人士在

43　參《敦煌莫高窟供養人題記》，第 20-25 頁；史岩：《敦煌石室題記》，第 147-154 頁；謝稚柳：《敦煌藝術敘錄》，第 131-136 頁。

44　《敦煌莫高窟供養人題記》，第 29-30 頁。

45　參見謝稚柳：《敦煌藝術敘錄》，第 462 頁；姜亮夫：《瓜沙曹氏世譜》，第 966 頁。

各洞窟內的女姓供養人以行第題名者亦不在少數。它説明在建窟造像
做功德的場合，婦女以行第代名雖不能説是一種必須，但至少可以説
已是一種習慣。其做法也同樣不限於大族。P.3047 文書是一件吐蕃占領
時期的施入疏與施入曆。施入曆即敦煌百姓向寺院施捨錢物的登記
簿。其中施捨人有男有女，不少人也是用行第稱。如內有「孫公子施
發四箭（剪）入行像，……張五妻施褐衫一領入行像，……郭大娘施
發一大剪入行像，……曹二娘施發一剪，七郎子施紅衣蘭一，……左
十二施油二升為合家平安，……史十二施衫子一〔為〕父及子」等
等[46]。施入曆不僅記施捨人及其錢物，而且有些記錄了用途及目的。從
本件殘存的「來俄斯難芝施入疏」及其他敦煌施入疏得知，這些施入
曆應當就是施入疏的簡編。百姓施捨圖的是回報，所以施入的東西做
什麼及為何人要通過「疏」鄭重其事地向寺院説明，並被寺院用「曆」
一一記錄下來。內中自稱行第，也不能視為隨意。因為如果是造碑造
像，包括行第在內，其內容常常要被鐫刻下來。這就是我們在傳世的
金石碑刻銘文中見到的造碑像人或施捨助緣人題記。例如《八瓊室金
石補正》卷三九錄「雍州好畤縣佛弟子強三娘，為亡口及父婆男女眷
屬，敬造彌勒世尊觀□音地藏二菩薩，及鐫般若多心經」題記，同書
卷五○錄「先天二年五月五日，信女秦四娘，為亡母敬造供養」的佛
像題記。同書卷三三龍門山王懷忠等七人造像題名，內有趙大娘、阮
四娘、王大娘、張四娘等[47]。類似題名題記我在《從唐代碑誌看唐人行
第》一文中未有涉及，但在存世碑刻銘題中實則俯拾即是。而敦煌洞
窟的題名題記與敦煌卷子中的施入疏、施入曆當然也是這樣一種中原

46　《法藏》（21），2002 年，第 159 頁；轉錄自《真跡釋錄》（三），第 75-77 頁，

47　《八瓊室金石補正》卷三九、卷五○、卷三二，文物出版社 1985 年版，第 262、
　　342、223 頁。

流俗傳入的反映。

　　應當指出，南北朝至隋代的這類題名題記中，婦女多用名姓或只用姓。高宗、武則天以後，稱行第者才漸多而普遍。這與我們以前所說傳世文獻和墓誌中行第大量出現的年代是一致的（上舉第一例，即是年代較早的例證）。而佛龕造像及金石碑刻中的行第題名既有個人與一家一姓之內的，也有民眾集體捐資助緣的情況。直至唐後期，稱行第仍是婦女較多而男子較少。對於婦女題名署稱行第，似乎也仍不能作隨意甚或沒有名姓解。《陶齋藏石記》卷二二錄有唐開元七年李神珧功德廟碑一件，其右側上端題記有：

　　薛琪瓚妻李大娘、故人□□□妻常、王侍封妻李五娘、伊文□妻趙二娘、伊豈百妻李三娘、李思慎妻南□娘、伊方德妻李大娘、李思太妻魏男知、盧阿留妻李六娘、徐法智妻李三娘、徐思忠妻□□娘、徐務其妻李大娘。

　　碑的左側上段題記：

　　古（故）人李真寶、李玄德妻平陽郡伊氏、妻王氏，第一列李玄成妻平陽郡伊氏、李趙生妻河南郡趙氏、張洪太妻趙郡李氏、伊智惠妻趙郡李氏、徐崇謹妻趙郡李氏第二列（下略）[48]。

　　看得出來，此碑右側上段作為妻屬的女姓全稱行第，而左側上段則全用郡望。何以如此不得而知，但行第可以比照郡望的意義似乎不

48　《陶齋藏石記》，《石刻史料新編》第 11 冊，第 8195 頁，新文豐出版公司 1982 年版。

言自明。由於做功德事原其本意總是牽連著家族，前揭楊際平等關於
敦煌家庭與家族關係的書中，即論述到敦煌的家族窟作為聚族的一種
組織形式和敬祖祭祖加強家族觀念的意義[49]。而婦女主中饋無外事無官
位，於家族的從屬地位自然也更突出。所以署稱行第，顯然有上面所
說重其家族意義在。另外這樣做似乎也是為了避免公眾場合，婦女被
他人隨便道及名字的不尊重。試想用一般化的姓與行第去代替有個性
化的名字，婦女的一切因而被隱藏在家庭的幕後，這恐怕也是封建道
統希望和發展的需要吧？

　　總之，敦煌及其他存世碑刻文獻都反映了唐人，其中特別是婦女
在參加與個人、家庭信仰及命運有關的宗教事務時題名署稱行第的情
況。晚唐五代，這種情況已相沿而成慣例，且在某些地區尤甚。例如
我們從《兩浙金石志》所錄載的唐大和九年（835）餘姚龍泉寺碑，開
成二年（837）始建、大中五年（851）重修的仁和龍興寺碑，會昌元年
（841）與三年（843）分別修建的歸安天寧寺佛頂尊勝陀羅尼經幢，大
中十一年金華法隆寺經幢，唐咸通二年（861）始修、宋太平興國二年
（977）重修的蕭山覺苑寺經幢，唐咸通七年修、宋開寶二年（969）重
修的秀水精嚴寺經幢，後晉石屋洞造像題名等[50]，以及《江蘇金石志》
所錄載的唐丹陽普寧寺鐘銘、晚唐泰州衡陽寺經幢、南唐謙公安公構
造殘碑記等[51]一系列碑刻銘題的題名人來看，其中的女姓施捨助緣人已
基本上全用行第。這說明就整個唐帝國範圍而言，無論是地處偏遠的
西北敦煌，抑或是文化發達的江浙形勝，在行第的稱用方面都有著幾

49　《五-十世紀敦煌的家庭與家族關係》，嶽麓書社1997年版，第153-188頁。

50　分見《兩浙金石志》卷二、卷三、卷四，《石刻史料新編》第14冊，第10230-10275
頁。

51　分見《石刻史料新編》第13冊，第9595-9598、9607頁。

近相同的習俗。更值得注意的是在《閩中金石略》一書卷二中載十國閩帝王羲所建堅牢塔題名。此塔共八層，各層分有王羲及其後妃、子女題名。內從「大閩國後李氏十九娘」、閩王亞澄「越國夫人余氏十三娘」到「福清公主王氏二十六娘」、「順昌公主王氏二十七娘、建安公主王氏二十八娘、同安公主王氏二十九娘」、「賢妃尚氏十五娘」[52]，無不特別註明行第。閩皇室的這種稱呼，非常集中地反映了唐至五代自上而下對行第的極端重視。所以五代以後，行第習俗也被宋、遼、金、元各朝延續。而且碑刻題名中不僅婦女，即男子也出現了更多的稱行第現象。《吉金貞石錄》載後金大安二年（1210）鐘款[53]，及《江蘇金石志》載元《南翔寺懺觀堂莊田記》即此方面之極好例證[54]。另外宋以後有行第排行次第極高者。如元《南翔寺懺觀堂莊田記》「功德上薦」者，男子除「故次兄徐十五秀才，故祖五三承事，故父九五承事」外，又有「先祖管千五承事」。「千五」之「千」字，並非行第實數。近承王曾瑜先生示知以南宋《紹興十八年同年小錄》及《寶祐登科錄》兩種[55]，錄登科進士名錄，詳載諸人行第。其中除有於行第上加百、千、萬等字（如文天祥即稱「第千一」）的，復有加茂、重、季、仲等各種字樣至少五十餘種（如「第重二」、「第季三」等）。宋以後的行第如此排稱，顯然已經是採用了後世常見的所謂宗族房眷內，按一輩一字排行計數的方法。但是，其用字是否有規律，並且與上述所見敦煌（如曹氏）及存世史料中唐人排行第的方法究有何種不同及連繫，應當

52　《閩中金石略》卷二，《石刻史料新編》第 17 冊，第 12892 頁。

53　《吉金貞石錄》，《石刻史料新編》第 12 冊，第 9353-9356 頁。

54　《江蘇金石志》，《石刻史料新編》第 13 冊，第 10050 頁。

55　分見《景印文淵閣四庫全書》第 448 冊，上海古籍出版社第 348-409 頁；第 451 冊，第 47-118 頁。

是我們今後研究第需著重解決的問題。

（四）行第的流行與唐朝的社會民風

敦煌寫本書儀中有關行第之稱的使用及其他敦煌資料所反映的行
第流行情況，進一步證實了行第稱呼自士大夫向平民社會普及的途徑
和方式。在這方面，敦煌社會不過是整個唐代社會的縮影。我們雖然
無法斷定敦煌地區最初普及行第的確切時間，但是，從敦煌社會習俗
文化深受中原漢文化習俗影響，及開、天杜友晉書儀及時傳入敦煌的
情況看，敦煌地區行第的流行並不見得比中原社會晚進多少。

筆者以往已談到過士族門閥觀念對行第普及的影響。此點就書儀
的傳播，也可以證明。作為書儀撰寫人的盧藏用、杜友晉等，無疑會
將其世家大族所重之禮法門風、家族觀念融入其關於行第的概念及使
用，而這一點也正是他們影響於世人之處。

儘管如此，我們仍不能將行第的流行完全歸因於大族的影響。因
為士族按房、族排次第的情況魏晉南北朝已存在。然彼時行第及行第
之稱不在一般百姓中普及，卻是到了隋、唐之際，特別是武則天以後
才流行並逐漸顯得隨處可見，其必有適應當時社會需要及一般百姓性
格心理的一些因素。換言之，唐代行第的流行有唐代的特點，在它流
行過程中普通百姓——庶民的願望及意識便不可能不滲透其中。例如
本文前面從杜氏五服內吉凶書儀及《四海平蕃破國書》談到的官位與
行第相對、官職與行第並稱的情況其實已反映了唐代一般百姓的門第
觀念與追求。這，如果還可以說是受士族影響，那麼在人際交往中稱
呼行第卻完全有著普通人民對它的理解及愛好在內。唐人小說中《虯
髯客》一則記隋末李靖與紅拂妓張氏逃離權臣楊素家路遇虯髯客的故

事，其中主人公們相稱行第的情況頗能引人注目：

（李靖與張氏）將歸太原，行次靈石旅舍。既設床，爐中烹肉且
熟。張氏以髮長委地，立梳床前，靖方刷馬。忽有一人，中形，赤髯
而虯，乘蹇驢而來。投革囊于爐前，取枕欹臥，看張氏梳頭。靖怒
甚，未決，猶刷馬。張氏熟觀其面，一手握髮，一手映身搖示，令忽
怒。急急梳頭畢，斂袂前問其姓。臥客曰：「姓張。」對曰：「妾亦姓
張，合是妹。」遽拜之。問第幾，曰：「第三。」問妹第幾，曰：「最
長。」遂喜曰：「今日多幸，遇一妹。」張氏遙呼曰：「李郎且來拜三
兄。」靖遽拜，遂環坐[56]。

我在《從唐代碑誌看唐人行第問題》一文中，曾舉例說明唐人初
見面即問行第，且以互稱行第代名字的風俗，其中亦包括以上一則故
事。此點我考察認為，是與唐人避諱的禮俗有關。問稱行第既可不用
再稱道名字，於是便顯得客氣有禮，這自然是稱呼行第的好處和目的
之一。但是如進一步分析，似乎還不盡如此。上述故事中的三人初不
相識，且虯髯客對張氏甚至故作挑逗輕薄之舉，以激起李靖的憤怒和
注意，一場爭鬥似乎馬上就要發生。但一旦經張氏主動上前，「斂袂」
通姓氏行第，立刻便「兄」、「妹」相呼，熱絡起來，不但化解了初時
的戒備和敵意，而且三人竟圍席而坐，最終甚至成為生死不渝的朋
友。透過其中兄、妹的稱呼，武人、俠妓的英雄豪邁之氣不由盡收眼
底。其中之故事雖然關乎唐初大臣名將李靖，但不難看出，利用稱行

56　《太平廣記》卷一九三《虯髯客》（出《出虯髯傳》），中華書局 1961 年版，第 1446
頁。

第聯絡感情、結交朋友很符合下層社會人民那種豪爽熱情的天性。

《太平廣記》之《崔朴》一則記朴父崔清是另一性質的故事。言代宗大曆中戶部侍郎楊炎得罪，貶道州司戶參軍。按照制度，自朝受責，必須立即馳驛出城，因此楊炎不得歸第，將貶謫之事通知有病的妻子。等楊炎到了長安附近的藍田驛後，急切中遇到素昧平生的縣尉知郵務崔清，請求代為請假，以回家探望妻子，得崔清允諾。但因這不為制度所許，崔清遂以闕馬為由，請京兆府寬限楊炎程期。他並「自出俸錢二十千，買細氈，令造氈异。僱夫直詣炎宅，取炎夫人」，還叮嚀夫人務必連夜趕到，直至接來與炎偕往。楊炎對此有何表示呢？

炎執清之手，問第行。清對曰：「某第十八。」清又率俸錢數千，具商于已來山程之費。至韓公驛，（炎）執清之袂，令妻出見，曰：「此崔十八，死生不相忘，無復多言矣。」……後二年秋，炎自江華除中書侍郎，入相，還至京兆界。問驛使：「崔十八郎在否？」驛吏答曰：「在。」炎喜甚。頃之，清迎謁于前，炎便止之曰：「崔十八郎，不合如此相待。今日生還，乃是子之恩也。」仍連鑣而行，話湘楚氣候。因曰：「足下之才，何適不可。老夫今日可以立致，柏臺諫署，唯所選擇。」[57]

就故事發生的本來情節而言，楊炎在遭到遠貶的危難之際，受到微不足道的小人物崔清的救助，且崔清所作是盡其所能，而不是一般的照顧。這就使得地位曾經是高高在上的楊炎，與崔清之間發生了異乎尋常的親密關係，從萍水相逢，到「執手問行第」，到讓妻子與之相

---

57 《太平廣記》卷一五三《崔朴》（出《續定命錄》），第 1097-1099 頁。

見，稱為「死生不相忘」的「崔十八」，二者之關係、感情逐步發展。楊炎的感激溢於言表，而一聲「崔十八」，似乎抹殺了二人間相去甚遠的年齡、地位差距，說明在某些時候，行第已不止於表示親切，而是看作患難親情的兄弟、骨肉之交。當然在這則故事中，楊炎與崔清的關係隨著楊炎地位的升降並不是沒有變化。有趣的是當楊炎復職還朝，路經崔清處，雖尚能記得其人，但對他的稱呼已從「崔十八」變為「崔十八郎」，其自稱亦為「老夫」，明顯的已有居高臨下之意。而且故事的結局，也是說楊炎忘恩負義，沒有兌現提拔崔清的承諾，以至到了再貶崖州之時，過藍田而招崔清不至，使楊炎唯遺咎悔，認為自己是在交友之道上受了懲罰。不過，當著楊炎對著崔清握手呼行第的一剎那，看得出他還是放下了架子，其內心的感佩也是由衷的。

　　行第之稱，可以縮短人們交往中的距離，增加彼此的感情，表達兄弟兼至交的情誼，所以一旦稱行第，竟會有戰場上化敵為友，政爭中前嫌冰釋，甚至一方為另一方奔走經營、扶危濟困無所不至之事。而權臣借稱行第結黨營私，進士舉子、文人學士亦憑此加強同輩間之聯盟已是我們曾經談到的。無論如何，行第之稱在人們的社交中太重要了。即使萍水相逢，一稱行第，亦會顯得親切、自然。而如位尊德重稱位卑年幼者行第，更是很給面子的表示。無論在感情上、禮儀上，都給人一種超乎等級地位關係平等的感覺。《舊唐書·鄭餘慶傳》記德宗時，

　　有主書滑渙，久司中書簿籍，與內官樞密劉光琦情通。宰相議事，與光琦異同者，令渙達意，未嘗不遂所欲。宰相杜佑、鄭絪皆姑息之。議者云佑私呼為「滑八」，四方書幣賂貨，充集其門，弟泳官至

刺史。[58]

因公務私呼「滑八」是很不嚴肅的，似乎也有損杜佑、鄭絪的宰相身分。但是滑渙雖位卑卻炙手可熱，杜佑等不得不「低意善視之」，也即不惜紆尊降貴加以拉攏。

《舊五代史‧張承業傳》：

莊宗酣飲，命興慶宮使李繼岌為承業起舞。既竟，承業出寶帶幣馬奉之。莊宗指錢積謂承業曰：「和哥（案：指繼岌）無錢使，七哥與此一積，寶馬非殊惠也。」承業謝曰：「郎君歌舞，承業自出己俸錢。此錢是大王庫物，準擬支贍三軍，不敢以公物為私禮也。」莊宗不悅，使酒侵承業。……太后聞莊宗酒失，急召入。莊宗性至孝，聞太后召，叩頭謝承業曰：「吾杯酒之間，忤於七哥，太后必怪吾。七哥為吾痛飲兩巵，分謗可乎？」莊宗連飲四鐘，勸承業，竟不飲。[59]

張承業是後唐權閹，為後唐主理軍需財計。傳言：「自莊宗在魏州垂十年，太原軍國政事，一委承業。而積聚庚帑，收兵市馬，招懷流散，勸課農桑，成是霸基者，承業之忠力也。」承業作為後唐宮中的「老敕使」和家奴，與莊宗及太后的關係非尋常可比。而他以主計之功及身繫國家命脈，也不懼怕莊宗。莊宗想從承業手中取得錢財，不是要之以君主之威，而是呼以「七哥」之稱，動以兄弟之情，希望承業能為此感念自己的厚意。

58　《舊唐書》卷一五八《鄭餘慶傳》，第4164頁。

59　《舊五代史》卷七二《張承業傳》，中華書局1976年版，第450-451頁，下同。

　　高者向低者稱行道第，是為了聯絡感情，向對方表示不計地位尊卑。而值得注意的，卻正是唐五代人在稱行第時有意無意抹殺等級尊卑界限的「平懷」之情，和那種在交往過程中所流露的熱情豪俠之氣，才代表了其時社會人士所獨有的社會風範。寫成於晚唐時期的《虯髯客》一文，使人所感覺到的，也是唐士君子的豪邁之風。行第的稱呼，應當正是適應著這種氣質與社會交往的需要。不過，唐五代人在稱行第中所不知不覺透露出的平等意識、豪俠舉止，在今人看來，實則已不免夾雜了一些下層社會所謂哥們義氣的江湖習氣在內（這一點，即使權臣皇帝利用行第之時也未能倖免）。它與南北朝之際世家大族所擁有的簡慢自重、驕貴輕人形成鮮明對比。這表明，行第在向社會普及的過程中，已逐漸融入了不少普通平民的習俗心態和意識追求。而這些新的觀念，不僅影響百姓，也同樣影響官場士人。這使行第稱用的意義範圍已大大超出了其原有的界限。因此可以說，通過行第這個小小的事物，不但反映了文化傳播由上而下的過程，也反映了在這一過程中由下及上的反影響，這應當是事物發展形成不可或缺的兩個方面。

　　前不久，讀到詹森《世家大族的衰落──唐末宋初的趙郡李氏》一文，文中討論能倖存於胡人入侵及朝代交替時期，並且至少在四百年國家極度擾攘混亂中變成中古統治階級中最成功集團之一的趙郡李氏，何以竟在唐末宋初之際全然崩潰瓦解的原因。他認為唐代的世家大族與傳統時代後期的家族是截然不同的東西。它們的衰亡不是指家庭內一些主要分子被殺，或被子孫揮霍光了祖產及讓人奪去了田地。「唐代的趙郡李氏並不是一個附著性強而範圍狹小的親屬集團。」雖然過去他們曾擁有塢堡田地，並控制很多蔭附戶，但是到了唐末一切都不再如此。「事實上，在唐末，趙郡李氏就只是一個觀念。故所有能毀

滅它的，就是要毀滅這個觀念。」他們和老家的關係已然斷絕，亦沒有類似的氏族制度。「因此，趙郡李氏的毀滅是一個經濟的、社會的過程，同時也是一個心理的過程。」[60]詹氏所謂心理的過程，就是觀念的破壞。論稱行第從純然的士族習俗到里巷市民的意態滲入其間，無疑正是所謂心理觀念破壞的一個部分及方面。

談到這裡，關於行第流行於隋唐之際的原因也還有另一點補充。我們知道行第之稱最初盛行於士族官場。這一點除了已談到的門閥觀念影響之外，我以為還不應忽略國家統一這個大的背景和前提。隋、唐以前的南北朝社會，士族圈子很小。特別是魏晉以來的九品中正制，使朝廷政治為幾個大家族所把持。官員的出身門第既有相當嚴格的等級界限，且亦為彼此所十分瞭解。但隋、唐建國後的情形則不同了。南北朝的志士仁人相繼匯聚於國之都城中心，原來的小朝廷已不止一倍地擴大了。《隋書》卷六七《裴蘊傳》謂：「及陳平，上悉閱江南衣冠之士。」[61]同書卷七五《儒林傳》尤記隋廷來自四方的飽學宿儒。其略曰：

何妥字棲鳳，西城人也。父細胡，通商入蜀，遂家郫縣，事梁武陵王紀。……妥少機警，八歲游國子學。……江陵陷，周武帝尤重之，授太學博士。高祖受禪，除國子博士。

蘭陵蕭陔者，梁鄱陽王恢之孫也。少封攸侯。梁荊州陷，與何妥

60　詹森（Dawid Johnsen）著、耿立群譯：《世家大族的衰落——唐末宋初的趙郡李氏》，收入 Arther F. Wright（芮沃壽）等著，陶晉生等譯：《唐史論文選集》，幼獅文化事業公司 1990 年版，第 231-339 頁，說見第 302 頁。

61　《隋書》卷六七《裴蘊傳》，中華書局 1973 年版，第 1574 頁。

同至長安。

> 房暉遠字崇儒，恆山真定人也。世傳儒學。……齊南陽王綽為定
> 州刺史，聞其名，召為博士。周武帝平齊，搜訪儒俊，暉遠首應辟
> 命，授小學下士。

> 馬光字榮伯，武安人也。少好學，從師數十年，晝夜不息。……
> 開皇初，高祖征山東文學之士，光與張仲讓、孔籠、竇士榮、張黑
> 奴、劉祖仁等俱至，並授太常博士，時人號為六儒。[62]

以上僅是從各地徵召學士中的一部分。類似情況頗多。而不同類型的官員，其出身、來源也或更複雜。隋初用人之際，取士不限一域一途，這和南北朝小朝廷的做法已大相逕庭。唐代更有所拓展。特別是科舉制興盛之後，「朝廷用文治，大開官職場」[63]，地域、階級的侷限進一步被打破。各式各樣的人組建了新的官僚社會，彼此的家世、身名需重新認識瞭解。而行第與家世、身名一起，是幫助彼此熟識的手段和工具。隨著官場中相識的過程，行第便很容易被作為稱呼，並形成習慣。因此可以說，行第雖與舊世族習俗相關，但它在以世族為中心的社會轉變為官本位的社會過程中，仍找到了生存的土壤並有著新的貢獻。

行第在由士族官場向庶民社會轉變的過程中，如上所述既迎合著唐人官、族並重的心理，迎合著其官場、社交的需要，復融入普通人

62　《隋書》卷七五《儒林傳》，第 1709、1715、1716、1717 頁。

63　（唐）杜牧：《樊川文集》卷一《冬至日寄小姪阿宜》，上海古籍出版社 1978 年版，第 9-10 頁。

民的愛好追求，因此可以説，行第的流行因素是複雜的。不僅如此，我認為各地各階層的人對行第的理解未必相同，而不同地域的人對行第所做的詮釋也尤其會是不一樣的。很難認為重冠冕、重貴戚的關中、代北人與重婚姻、重人物的山東、江南人對論稱行第有相同看法及感覺。上面説到唐人稱行第實已超出家庭氛圍，而有著異姓間稱兄道弟的內涵。其固源於社會下層之影響，但唐人的喜好結拜異姓兄弟，本身即有著地域的甚至是民族文化的特徵。《教坊記》一則略曰：

坊中諸女，以氣類相似，約為香火兄弟，每多至十四五人，少不下八、九輩。有兒郎聘之者，輒被以婦人稱呼，即所聘者，兄見呼為新婦，弟見呼為嫂也。兒郎即聘一女，其香火兄弟多相奔云：「學突厥法。」又云：「我兄弟皆憐愛，欲得嘗其婦也。」主者知，亦不妒，他香火即不通。[64]

「香火兄弟」共「嘗其婦」事謂之「學突厥法」。而結異性「香火兄弟」本身就是胡俗。胡人之「香火兄弟」情甚至超過親兄弟。不久前池田溫先生有《關於唐宋時代的結為兄弟憑》一文，論結異姓兄弟事北朝至宋元極多見，而敦煌文書中也見到有異姓結為兄弟憑[65]。（另外敦煌還有強調異姓互助的「兄弟社」，但池田先生認為兩者不甚一致）唐朝後期結義之風最甚，而武人宦官養義兒義子成風也因此可得解釋。宦官的行第即因其結拜次第論數。唐後期武人如田悦、王武

---

64 （唐）崔令欽：《教坊記》，《叢書集成初編》第 2733 冊，商務印書館 1937 年版，第 2-3 頁。

65 〔日〕池田溫：《關於唐宋時代的結為兄弟憑》，《唐代的歷史與社會》，武漢大學出版社 1997 年版，第 473-497 頁。

俊、朱滔輩相稱行第，似也不無某種「香火情」在內。南北風俗交融之際，此種社會心理及習俗存在影響甚大，所以前揭《蚪髯客》與《崔清》兩則小說，亦不免令人感到與此暗合。池田先生文中並引證谷川道雄有關「兄弟結義是貴族社會解體過程中出現的新結合模式，跟假父子結合有不可分的關係」的結論。參考這一結論，使我們感到行第之稱的流行，雖不能就說是因之而起，但是，與這一思維模式之下產生的「兄弟情結」是否有內在的連繫，並因此起到推波助瀾的作用，卻是值得深思的。

要之，小小的行第之稱盛行於大唐帝國，唯有對其時深刻的文化背景進行綜合的、融會貫通的分析並加以充分的瞭解，也許才能找到它的癥結所在。

一一　關於「斂髮」與「散髮」
——論少數民族風俗對喪禮影響之一例*

　　宋朝皇帝的喪禮中出現了一種特殊的儀式，此即所謂「散髮」之儀。《宋史·禮志》稱「至道三年三月二十九日，太宗崩于萬歲殿。真宗散髮號擗，奉遺詔即位于殿之東楹」。與此同時又載：

　　有司定散髮之禮，皇帝皇后、諸王、公主、縣主、諸王夫人、六宮內人並左被髮，皇太后全被髮。[1]

　　被髮即披髮或散髮。《宋會要輯稿·禮》記有司定此儀在次日即三月三十日[2]，由於與其時服用並奏，可見始崩即須如此。又註曰：「初，

---

*　　本文原載樊錦詩、榮新江、林世田主編：《敦煌文獻·考古·藝術綜合研究——紀念向達先生誕辰 110 週年國際學術研討會論文集》，中華書局 2011 年版，第 467-475 頁。收入本書略有修改。

1　　《宋史》卷一二二《禮志》二五《山陵》，中華書局 1985 年版，第 2850 頁。

2　　《宋會要輯稿·禮》二九之七，中華書局 1957 年版，第 1067 頁。

有司定散髮之禮，言皇帝當聽政，更不散髮。帝曰：『豈居父之喪不盡禮乎？朕已散髮矣。』」是不待此禮之定真宗早已自動散髮。先皇初崩之際，其妻、子、媳，即包括帝、后及家人宮眷已行散髮，且有左被髮和全被髮之別，說明散髮是家內之人的重喪之表，是父（母）親初喪之際所必行的「盡禮」之舉。

　　這個行為舉止似乎很怪異的散髮之儀，首先被陳戍國先生注意到，並提出：「此種禮儀為趙宋首創，曠古之作也。」[3]但散髮之禮是否真是趙宋首創？這一點卻值得深究。晚唐五代 P.3691 晚唐五代時期的《新集書儀》就提到：

　　凡孝子三日未成服，重孝散髮匐地，有弔孝不起，亦無弔答之語。[4]

　　意思是沒有成服之前的三日，孝子是要散髮撲地表示哀苦的。另外《開元禮》卷一三八《初終》條在描述病重和始死的「有疾，丈夫婦人各齋于正寢北墉下，東首。養者男子婦人皆朝服，齋，親飲藥，子先嘗之。徹樂，清掃內外，分禱所祀。疾困，去故衣，加新衣。侍者四人坐持手足，遺言則書之，屬纊以候絕氣。氣絕，廢床，寢于地。（以上註文略）」之下，也有規定曰：

　　男子易以白布衣，被髮徒跣；婦人青縑衣，被髮不徒跣。女子子亦然。齊衰以下，丈夫素冠，婦人去首飾，內外皆素服。

3　陳戍國《中國禮制史・宋遼金夏卷》，湖南教育出版社 2001 年版，第 88-89 頁。

4　《法藏》（26），上海古籍出版社 2002 年版，第 322 頁。

　　徒跣即赤足，與散髮同是孝子所行。須知這裡的喪儀都是按「子為父（母）」或者說斬衰、齊衰三年規定的。《開元禮》此條在「女子子亦然」下有註文曰：「父為長子，及為人後者為其本生父母，皆素冠不徒跣。女子子嫁者髽，六品以下內外皆著素服，妻妾皆被髮徒跣。女子子不徒跣，出嫁者髽。出後人者為本生父母素服，不徒跣（下略）。」意思是只有親子、媳（已為人後者除外）和在室未嫁女為父母、妻妾為夫才有「被髮」或「被髮徒跣」的舉動。所以披髮、散髮顯然是比「素冠」（男）或是「髽」（女）要重，且親屬關係更近更直接，目的是表示悲痛至極。從《開元禮》來看，子女為父母、妻妾為夫行喪禮，已然是「被髮」，書儀所說的「散髮匍地」，與《開元禮》是一致的。所以喪禮的披髮、散髮顯然並不是宋朝皇帝的「曠古之作」。

　　那麼喪禮散髮由何而來？注意到《開元禮·初終》的大部內容基本是依照《儀禮·既夕》與《禮記》之《曲禮下》、《喪大記》的[5]，散髮是否也來自古禮呢？搞清這一問題，先要讀讀《大唐開元禮》在《三品以上喪》（《四品五品喪》及《六品以下喪》同）之一「小斂」後的「斂髮」一儀：

　　男子斂髮，衰（縗）巾帕頭，女子斂髮而髽。主人以下立哭于屍東，西面南上；主婦以下立哭于屍西，東面南上；祖父母以下仍哭于位，各如初（以下略）。[6]

5　參見《儀禮註疏》卷四，《禮記正義》卷五、卷四四，《十三經註疏》，中華書局1980年版，第1157-1158、1268、1571頁。

6　《大唐開元禮》卷一三八《三品以上喪》之一，洪氏公善堂本，民族出版社2000年版，第660頁。

　　小斂是在喪之次日為死者加衣衾的儀式，也可以認為是在經過最初的遺體整理後，面向家族內外和公眾正式行喪禮和祭奠的開始。「斂髮」在此之下，意為喪主和親屬束髮準備祭奠，此時尚未成服而髮式頭冠已有改變。所說衰巾之衰同邪（斜），意為不正[7]，而「斂髮」亦古禮。《儀禮·喪服》：「布總、箭笄、髽，衰三年。」鄭玄註曰：「此妻妾女子子喪服之異于男子者。總，束髮謂之總者。既束其本，又總其末。箭笄，篠竹也。髽，露紒也，猶男子之括髮。斬衰，括髮以麻，則髽亦用麻也。以麻者，自項而前，交于額上，卻繞紒，如著幓頭焉。《小記》曰：男子冠而婦人笄，男子免而婦人髽。」[8]其中括髮即是男子的束髮方式。《禮記·檀弓上》：「主人既小斂，袒，括髮。」其具體例有「叔孫武叔之母死，既小斂，舉者出。屍出戶，袒，且投其冠。子游曰：『知禮』。」括髮《檀弓下》說「袒，括髮，去飾之甚也」，意思是不但袒身免冠，原來的頭飾都要去掉，只用麻結繫頭髮。《儀禮·士喪》也謂「主人髻髮」。賈公彥疏解釋說：「髻髮者，去笄纚而紒者。」[9]

　　按笄纚皆束髮之物，笄為髮簪，纚是包髮的帛；紒為結髮，意同於髻，而髽則為婦女所梳喪髻。《通典》卷八五有「既小斂斂髮服變」一目，引周制：「既小斂，主人斂髮，袒；眾主人絻于東房。」下註曰：「始死，將斬縗者，笄纚，將齊縗者素冠。今至小斂變，又將初喪服。斂髮者，去笄纚而紒。眾主人絻者，齊縗將袒，以絻代冠（下

7　見《周禮·天官宮正》「去其淫怠與其奇衺之民」，註：「奇衺，譎觚非常。」《周禮註疏》卷三，《十三經註疏》，中華書局1980年版，657頁。（唐）陸德明：《經典釋文》卷八《周禮音義》下：「衺，亦作邪。」中華書局1983年版，第109頁。

8　《儀禮註疏》卷二九，第1101頁。

9　分見《禮記正義》卷七《檀弓上》，卷九《檀弓下》；《儀禮註疏》卷三六《士喪》，第1285、1301、1136頁。

略）。」又於「婦人髽于室」下註曰：「始死，婦人將斬縗者，去笄而
纚。將齊縗者骨笄而纚，今言髽者，亦去笄纚而紒也。齊縗以上至笄
猶髽。髽之異於斂髮者。既去纚，而以髮為大紒。如今婦人露紒其象
也。」「以絻代冠」的「絻」字，意思也是用布巾包頭，所以男子的「括
髮以麻」的「髻髮」和婦女的「髽」大致都是不用頭飾而僅用麻束髮，
男子還要用巾包頭。《通典》稱「大唐之制」，唯將男子斂髮的「衰（袞）
巾帕頭」寫作「布巾帕頭」，說明「餘如《開元禮》」，也就是都與《開
元禮》的規定一樣了。

關於初喪髮式的「笄纚」之說亦見卷八四《始死服變》載鄭玄云：
「子為父斬縗，始死，笄纚如故。既襲三稱（即完成小斂為死者加衣儀
式），衣十五升布深衣，徒跣，交手哭。」其註釋有「後漢時，遭喪者
衰巾帕頭，即笄纚之存象也」[10]。由是可見原來《開元禮》的斂髮是古
禮與漢制的結合。而從《儀禮》鄭註，可以認為初喪時還是要用「笄
纚」來固定，到小斂時才有括髮或斂髮的變化。基本上「子為父
（母）」、「妻妾為夫」都是這樣，只是男女的束髮形式有不同而已。

但是「諸侯為天子」或者「臣為君」看來有所不同。《通典‧始死
服變》接上續言：「諸侯為天子，父為長子，不徒跣，為次於內，不歠
粥。臣為君，不笄纚，不徒跣，余與為父同。」同書《諸侯及公卿大夫
為天子服議》也稱：

漢戴德《喪服變除》云：「臣為君，笄纚，不徒跣，始死，深衣素
冠，其餘與子為父同。」鄭玄《變除》云：「臣為君，不笄纚，不徒

---

10 按其說又見《禮記正義》卷五六《問喪》鄭玄註：「親始死，去冠。二日乃去笄纚，
括髮也。今時始喪者邪巾貊頭，笄之存象也。」第 1656 頁。

跣。」[11]

　　這裡戴德和鄭玄解釋不同。兩者有去笄纚與不去的區別。但即使如鄭玄所說，也不意味著就要散髮，上引賈公彥說「髺髮者，去笄纚而紒者」，就是說不用笄纚也要梳成髺，只是不戴原來的裝飾罷了。而且從「不笄纚、不徒跣」來看，「臣對君」比「子對父」要講究一些儀容，關係也略遠，不大可能是用披頭散髮來表達悲情。

　　或根據《開元禮》被髮和斂髮分置於初終和小斂之下，會提出這是喪禮不同時間的髮式，散髮在初死時，表示萬分悲痛，而到小斂時即束髮準備祭奠，符合人情，且兩者似乎並不矛盾。宋朝皇帝的喪禮看得出也是如此，據《宋會要輯稿》載太宗喪禮成服日嗣皇帝即服布斜巾和首絰，真宗喪禮成服嗣皇帝服粗布頭冠、斜布首絰、布帽等[12]，其中布斜巾或斜布首絰與《開元禮》「斂喪」的規定似乎很一致，當然這裡的成服按禮經規定已是完成了大斂而不是小斂。但人情並不就等於禮經的規定。按上述古禮和禮家的解釋，士既然始死尚要「笄纚如故」，小斂後才「去笄纚而紒」，所以無論始死還是小斂，都是不散髮的。

　　然而關於這一點似乎也有不同的說法。《禮記・喪大記》關於小斂後有「主人袒，說髦，括髮以麻」。鄭玄解釋說：「士既殯，說髦，此云小斂，蓋諸侯禮也。」孔穎達疏曰：「說髦者，髦，幼時翦髮為之，至年長則垂著兩邊。明人子事親恆有孺子之義也。若父死說左髦，母死說右髦。二親併死則併說之，親沒不髦是也。今小斂竟，喪事已

11　《通典》卷八一《諸侯及公卿大夫為天子服議》，第2206頁。

12　《宋會要輯稿・禮》二九之七、二九之一七至一八，第1067、1072頁。

成，故說之也。案鄭註士既殯，說髦；今小斂而說者，人君禮也。括髮以麻者，以，用也。人君小斂說髦竟，而男子括髮，括髮用麻也。士小斂後亦括髮，但未說髦耳。」[13]髦指頭髮，「說」也作稅，意為釋放、解脫。因此「說髦」的意思就是散髮，而且孔穎達說父左母右，與上文宋帝后宮人「左被髮」一致，所以宋朝的「被髮」看來也有古禮的依據。

　　有矛盾的是，鄭玄解釋此禮士人「說髦」在殯禮（也即大斂成服）成後，諸侯禮卻是小斂以後；並且小斂說髦完畢，男子繼之再以麻括髮，即用麻繩結髮。孔穎達也解釋小斂說髦在鄭註是人君禮，而士人小斂之際雖然括髮，卻沒有說髦。小斂在喪事第二日，這裡的小斂說髦無論是在古在「今」，都與宋代皇帝將「散髮」用於父母初崩不盡相同，與《開元禮》官員為父母被髮用於初喪也不一樣。不過，說士小斂後括髮不說髦，倒是與《開元禮》官員為父母小斂應「斂髮」比較一致。只是無論是否說髦或散髮，按照儒家禮的規定，在服喪成禮之後，還是要實行用麻繩來結繫頭髮的「括髮」，而不是一般所理解的披頭散髮。

　　非常有意思的是，檢索《通典》所載《大唐元陵儀注》各節，發現並沒有「斂髮」之儀。《大唐元陵儀注》是德宗即位之際禮儀使顏真卿為代宗喪禮儀式而作，此書的特點是跟隨《開元禮》儀目亦步亦趨，其中能反映古禮原則者尤無遺落。但是也有例外，「斂髮」便是其中之一。那麼顏真卿為何放棄「斂髮」？難道他發現「斂髮」與「散髮」有矛盾，還是由於「臣為君」與一般的斬衰多少有別呢？不過他如果刻意迴避此條，就說明古禮的規定已經與現實有出入。「散髮」被作為

13　《禮記註疏》卷四四，第 1573 頁。

正式的皇帝喪禮儀節雖然是在北宋，但唐朝皇帝的初喪恐怕已與古禮的「笄纚」或「斂髮」差距不小，而按照孔穎達的說法是「今（唐朝）人君」已有「說髦」之儀。《開元禮》「初終」一儀中「被髮徒跣」的出現，使我們有理由懷疑唐朝實際生活中未必沒有散髮，至少民間喪儀中「被髮徒跣」早已有之。

　　既然如此，再回到原來的問題上來。「散髮」之儀在古禮如果不是初喪之禮，那麼《開元禮》為什麼會作如是修改？宋代皇帝又為什麼會行此儀？我認為討論這一點，似乎還不應僅僅糾纏於禮經，如果結合實際生活和歷史發展的情況，就不難看到來自其他方面的原因和影響。

　　檢索史料，發現漢代和兩晉南朝，散髮與被（披）髮從來都不被當作生活中應有的正常舉止，而常常代表一種狼狽驚走或畏懼之狀。如《漢書·王嘉傳》說百姓因皇帝「奢僭放縱，變亂陰陽，災異眾多」而受到驚擾，「被髮徒跣而走」[14]。《後漢書·伏皇后紀》說曹操逼獻帝廢后，使御史大夫郗慮和尚書令華歆入宮收後，後「被髮徒跣行泣」與獻帝訣[15]。同書《劉盆子傳》言其被赤眉軍所立，「被髮徒跣，敝衣赭汗，見眾拜，恐畏欲啼」[16]。

　　而「被髮」也常常是狂放不羈之士有意所為。如箕子「乃被髮佯狂而為奴」[17]。《後漢書》卷五三《申屠蟠傳》載其同郡黃忠致書言隱士不遇「則裸身大笑，被髮狂歌」[18]。《世說新語》有「王平子、胡毋

<hr>

14　《漢書》卷八六《何武王嘉師丹傳》，中華書局 1962 年版，第 3496 頁。

15　《後漢書》卷一〇下《皇后紀》下，中華書局 1965 年版，第 453-454 頁。

16　《後漢書》卷一一《劉玄劉盆子列傳》，第 480 頁。

17　《史記》卷三八《宋微子世家》，中華書局 1959 年版，第 1609 頁。

18　《後漢書》卷五三《周黃徐姜申屠列傳》，第 1753 頁。

彥國諸人皆以任放為達，或有裸體者」一條，註引王隱《晉書》曰：
「魏末阮籍，嗜酒荒放，露頭散髮，裸袒箕踞。其後貴遊子弟阮瞻、王
澄、謝鯤、胡毋輔之之徒皆祖述於籍，謂得大道之本。故去巾幘，脫
衣服，露醜惡，同禽獸。甚者名之為通，次者名之為達也。」[19]又一條
關於謝鯤，註引鄧粲《晉紀》曰：「鯤與王澄之徒，慕竹林諸人，散首
披髮，裸袒箕踞，謂之八達。」[20]雖然個別喪禮亦見到被髮，但顯然皆
非常態。如《晉書》言王忱「性任達不拘，末年尤嗜酒，一飲連月不
醒，或裸體而游，每嘆三日不飲，便覺形神不相親。婦父嘗有慘，忱
乘醉吊之。婦父慟哭，忱與賓客十許人，連臂被髮裸身而入，繞之三
匝而出。其所行多此類」[21]。至於阮籍母去世，裴楷來弔唁而「阮方
醉，散髮坐床，箕踞不哭」[22]，更被視為不近情理。

　　因此被髮在兩晉南朝從來不被視為漢族習俗，更不被當作喪葬禮
儀來實施。但是在北朝的少數民族則不同。少數民族歷來被以「被髮
左衽」形容之。據說平王東遷洛邑，周大夫「辛有適伊川，見被髮而
祭於野者，曰：『不及百年，此其戎乎！其禮先亡矣。』」[23]可見「被髮」
早就是戎的形象和代名。《晉書》卷五二《華譚傳》載其策有「雖復被
髮之鄉、徒跣之國，皆習章甫而入朝，要衣裳以磬折」語，此「被髮
之鄉、徒跣之國」亦指少數民族。前燕慕容儁自稱「吾本幽漠射獵之
鄉，被髮左衽之俗」[24]，禿髮利鹿孤自稱河西王，其將鍮勿侖亦言「昔

19　余嘉錫：《世說新語箋疏》卷上之上《德行第一》，中華書局 1983 年版，第 24 頁。

20　《世說新語箋疏》卷中之下《品藻第九》，第 513-514 頁。

21　《晉書》卷七五《王忱傳》，中華書局 1974 年版，第 1973 頁。

22　《世說新語箋疏》卷下之上《任誕第二十三》，第 734 頁。

23　楊伯峻：《春秋左傳注》僖公二十二年傳，中華書局 1981 年版，第 393-394 頁。

24　《晉書》卷一一○《載記》一○《慕容儁傳》，第 2834 頁。

我先君肇自幽朔，被髮左衽，無冠冕之儀」[25]。被髮既是胡俗，所以《宋書・五行志》有曰：「晉惠帝元康中，貴遊子弟相與為散髮裸身之飲，對弄婢妾。逆之者傷好，非之者負譏。希世之士，恥不與焉。蓋胡、翟侵中國之萌也，豈徒伊川之民，一被髮而祭者乎！」[26]而這一觀點也與晉朝虞預「其論阮籍裸袒，比之伊川被髮，所以胡虜遍於中國，以為過衰周之時」相呼應[27]，可見「被髮」作為胡俗本是被中原人很看不上的。

　　與被髮、散髮有關，我們還看到少數民族「截髮」或「鬋（剪）髮」的記載。古人常言身體髮膚，受之父母，不敢毀傷，所以「截髮」或「鬋髮」在漢族很少發生，但在少數民族則是常態，且不止於北方。史記卷四三《趙世家》記趙武靈王謂公子成曰：「夫鬋髮文身，錯臂左衽，甌越之民也。」《晉書》卷九七《四夷傳》稱龜茲國「男女皆鬋髮垂項」，焉耆國「其俗丈夫鬋髮」。《南齊書》載顧歡著《夷夏論》有曰：「是以端委縉紳，諸華之容；鬋髮曠衣，群夷之服。」[28]《魏書・西域傳》說悅般國在烏孫西北，「俗剪髮齊眉，以醍醐涂之」。波斯國「其俗，丈夫剪髮，戴白皮帽」。作為大月氏或高車別種的嚈噠國，「衣服類加以纓絡，頭皆剪髮」；康國「丈夫剪髮、錦袍」[29]，都是言其一般生活常態。

　　以上習俗在西安出土的北周粟特人安伽墓中也有反映，發掘者注意到墓中石刻圖案出現的人物，依其體貌特徵，可分為三種：一為剪

25　《晉書》卷一二六《載記》二六《禿髮利鹿孤傳》，第3145頁。

26　《宋書》卷三〇《五行志》一，中華書局1974年版，第883頁。

27　《晉書》卷八二《虞預傳》，第2147頁。

28　《南齊書》卷五四《顧歡傳》，中華書局1972年版，第931頁。

29　《魏書》卷一〇二《西域傳》，中華書局1974年版，第2268-2281頁。

髮人物，共出現八十八例，占畫中人數的百分之七十六，可分為戴帽、不戴帽兩種類型；二為披髮人物，共出現十四例，占百分之十二點一七，披髮的人長髮垂至肩以下，直髮，髮中分；三為挽髻人物，出現十一例，只占畫面人物的百分之九點五七，人物似乎多為女性，有的身著男裝[30]。總之剪髮、披髮占到總數的近百分之九十，由此可見一斑。

　　而史料記載專門為喪禮的剪髮、截髮在異方之俗也有之，如《隋書》載林邑國，人死「以函盛屍」[31]，送之於海邊或江邊「積薪焚之」，餘骨以罌沉於水，「男女皆截髮，隨喪至水次，盡哀而止，歸則不哭」。周達觀《真臘風土記》載真臘：「父母死，別無服制，男子則髡其髮，女子則於顖門翦髮如錢大，以此為孝耳。」[32]《舊唐書‧吐蕃傳》記其俗「居父母喪，截髮，青黛涂面，衣服皆黑，既葬即吉」[33]。《資治通鑑》記太宗喪，「四夷之人入仕于朝及來朝貢者數百人，聞喪皆慟哭，翦髮、剺面、割耳，流血灑地。」[34]雷聞曾撰文討論過其中的「剺面割耳」，但從這裡看，其中還有「翦髮」。翦髮或云截髮與剺面割耳一起，行為顯得更加慷慨激昂。截髮割耳又常常是一種自誓的行為，如鄭善果母為了表示不再嫁，「寧當割耳截髮以明素心」；韓覬從軍戰沒，其妻「晝夜涕泣，截髮自誓」，父遂不奪其志[35]，此或也受蕃俗影響。

30　陝西省考古研究所編著：《西安北周安伽墓》，文物出版社 2003 年版，第 65-68 頁。

31　《隋書》卷八二《南蠻傳》，中華書局 1973 年版，1832 頁。

32　（元）周達觀撰，夏鼐校註：《真臘風土記校注》一六《死亡》，中華書局 2000 年版，第 134 頁。

33　《舊唐書》卷一九六上《吐蕃傳》上，中華書局 1975 年版，第 5220 頁。

34　《資治通鑑》卷一九九貞觀二十三年，中華書局 1956 年版，第 6268 頁。

35　見《隋書》卷八〇《列女傳》，第 1804、1806 頁。

▲ 圖 13　新疆克孜耳 224 窟割耳截髮圖（陳麗萍繪）

　　喪事中的「被髮徒跣」也首見於北方少數民族的統治者。《晉書·慕容熙傳》記其皇后苻氏死，「號苻氏墓曰徽平陵。熙被髮徒跣，步從苻氏喪」[36]。《魏書》載文明太后兄馮熙「事（養母）魏母孝謹，如事所生。魏母卒，乃散髮徒跣，水漿不入口三日」[37]。北齊文宣帝高洋殘殺所幸薛嬪，但又「載屍以出，被髮步哭而隨之」[38]，慕容熙和高洋均為鮮卑貴族，説明鮮卑貴族是行此儀的，雖然他們的「被髮徒跣」並非是為了父母，因此喪葬被髮或稱散髮從記載看是來自北方的少數族。

　　如果截髮、翦髮還可以看作是少數民族特有之俗，那麼見到的散髮或披髮行喪卻已不止於北朝大族而擴展至一般的人民，馮熙事説明

36　《晉書》卷一二四《載記·慕容熙傳》，第 3107 頁。

37　《魏書》卷八三上《外戚上·馮熙傳》，第 1819 頁。

38　《北史》卷七《齊本紀》中，中華書局 1974 年版，第 261-262 頁。

父母喪「被髮」在北朝已經是表現盡孝的舉止。至唐朝其例漸多，且如《開元禮・初終》所說，應是親子女所行。貞觀大臣李綱死，其所贍周齊王憲女「被髮號哭，如喪所生焉」[39]。《太平廣記》有《程伯獻》一則曰：

　　唐將軍高力士特承玄宗恩寵，遭父喪，左金吾大將軍程伯獻、少府監馮紹正二人，直就其喪前被髮而哭，甚于己親。朝野聞之，不勝其笑。[40]

　　按程伯獻此舉雖被視為諂媚，但據《舊唐書》卷一八四《高力士傳》，其所以「于靈筵散髮，具衰絰，受賓弔苔」，乃由「與力士結為兄弟」，也就是將自己等同死者的親生兒子了，所以才遭到恥笑。《唐代墓誌彙編》載明州刺史韋堣夫人亡，「親與不親皆為驚泣，兒女等被髮叫訴，請志于墓」[41]。這也正是 P.3691《新集書儀》言父母初喪之際「重孝散髮匐地」的基礎。

　　與此同時，「被髮徒跣」也被當成壙前守喪的慣常舉止。《隋書・孝義傳》記汲郡人徐孝肅，「母終，孝肅茹蔬飲水，盛冬單縗，毀瘠骨立。祖父母、父母墓皆負土成墳，廬于墓所四十餘載，被髮徒跣，遂以身終」[42]。唐孝女王和子，「聞父兄歿于邊上，被髮徒跣縗裳，獨往涇州行丐，取父兄之喪，歸徐營葬，手植松柏，剪髮壞形，廬于墓

39　《舊唐書》卷六二《李綱傳》，第 2377 頁。

40　《太平廣記》卷二四〇《程伯獻》（出《談賓錄》），中華書局 1961 年版，第 1855 頁。

41　《唐代墓誌彙編》會昌〇四八《大唐故明州刺史御史中丞韋公夫人太原溫氏之墓誌》，上海古籍出版社 1992 年版，第 2246 頁。

42　《隋書》卷七二《孝義・徐孝肅傳》，第 1671 頁。

所」[43]。五代常貞，「陳州項城人。葬父母后廬于墓側，披髮跣足一十三年」[44]。可見「被髮徒跣」不僅是表達悲痛的一種方式，也如宋真宗所説，是居父喪「盡禮」的表現。

而被髮與廬墓一起也常常被朝廷旌表。《冊府元龜》載貞觀十五年十一月「賜孝女夏侯碎金布帛二十段，粟十石，仍標其門閭」，就是因其事後母至孝，且因「父亡，號哭之聲，朝夕不絕；哀毀之至，殆不勝喪。寒不衣絮，被髮徒跣，負土成墳，廬于墓側，至是已歷五年，日一食而止」[45]。《全唐文》載貞元五年二月《旌張孝子牒》，稱禮部奏，得浙西觀察使和本縣申，潤州句容縣人張常洧，「建中四年七月丁父憂，其年十月，便被髮徒跣，廬于墓側，哀毀過禮，號慟將絕」，以致墓上有芝草生出，請求旌表[46]。《冊府元龜》還記載大曆七年（772）七月，「鎮州上言鼓城縣人陳屺，居父喪被髮廬于墓側，不掩墓門，哀毀過禮，望旌表門閭，許之」。大和六年（832）十月，「山南東道觀察使奏郢州長壽縣竟陵鄉村山孝子史愽，年齒尚幼，母亡，廬墓被髮，泣血誓志終身。詔表其門閭」[47]。

不僅有被髮或散髮守孝，亦看到有「辮髮」廬墓。如《冊府元龜‧帝王部‧旌表》四載：長興元年（930）十二月己未，「滄州乾符縣人張建立，乾寧五年（898）割股治母病。母卒，割心瀝血祭，辮髮跣足，廬于墓所三十年。勅旨以其鄉為孝友鄉、和順里」。同書卷七五六《總錄部‧孝》：「宗修巳，濟州金鄉人。父母亡，葬送後辮髮跣足，一

43　《舊唐書》卷一九三《列女傳》，第 5151-5152 頁。

44　《冊府元龜》卷七五六《總錄部‧孝》六，第 9000 頁。

45　《冊府元龜》卷一三八《帝王部‧旌表》二，中華書局 1960 年版，第 1672 頁。

46　《全唐文》卷九八六闕名《旌張孝子牒》，中華書局 1983 年版，第 10198 頁。

47　參見《冊府元龜》卷一三九、一四〇《帝王部‧旌表》三、四，第 1683、1695 頁。
　　史傳，同書卷七五六《總錄部‧孝》六作「史搏」，第 8998 頁。

夕截指祭奠，廬于墓所，立碣書佛經。」[48]按這裡的宗修巳和上文所説常真都在同書《旌表》四廣順三年（953）五月條出現，只是宗修巳被寫成索修巳。條載戶部言二人「皆散髮跣足守墳，本州以聞。戶部以赦書節文孝子義夫所宜旌表，以厚時風。勅宜依令文施行」[49]，則辮髮又被説成散髮。

　　按辮髮亦稱編髮，原也用來形容少數民族的日常習俗。《漢書・終軍傳》對外族歸附即有「解編髮，削左衽，襲冠帶，要衣裳，而蒙化者焉」的形容。顏師古註謂「編讀曰辮」[50]，可見兩字意思為一。北魏宣武帝時張彝上表，有「海東雜種之渠，衡南異服之帥，沙西氈頭之戎，漢北辮髮之虜，重譯納貢，請吏稱藩」語[51]，隋煬帝詔書亦稱「駕黿乘風，歷代所弗至；辮髮左衽，聲教所罕及，莫不厥角關塞，頓顙闕庭」[52]。「辮髮」或者「辮髮左衽」與被髮一樣是指少數民族或蠻夷之國。見於史載《後漢書》卷一一六《南蠻傳》稱西南夷有辮髮，《晉書》卷九七《四夷傳》載吐谷渾有辮髮，肅慎氏「俗皆編髮」[53]。《冊府元龜・外臣部》所載肅慎、百濟、新羅、靺鞨、悉立、于闐、太平、白蘭、高昌、康國、女國、芮國、昆彌等也無不有辮髮或編髮之俗。可見辮髮與散髮、翦髮意皆同指。但值得注意的是，上述被髮行喪或辮髮廬墓已非指少數民族，甚至亦不限於北方，而至少已經遍及於中原的鎮州、濟州、鄆州等，成為一種常見的喪禮之俗，所以宋代

48　《冊府元龜》卷一四〇《帝王部・旌表》四，卷七五六《總錄部・孝》六，第1698、9000頁。

49　《冊府元龜》卷一四〇《帝王部・旌表》四，第1702頁。

50　《漢書》卷六四下《終軍傳》，第2817頁。

51　《魏書》卷六四《張彝傳》，第1429頁。

52　《隋書》卷三《煬帝紀》上大業元年六月丁亥條，第69頁。

53　《晉書》卷九七《四夷傳・肅慎氏》，第2535頁。

皇帝將散髮之禮定為「國恤」之儀是不奇怪的。

　　由是也可以知道，《開元禮·初終》之條關於喪禮之被髮由來有漸，《開元禮》不過是將此近代之制與古禮融合了。但《開元禮·初終》為何會收入「被髮」呢？當然一是因古禮本有「說髦」，《開元禮》有此可能是承襲古禮或「改撰」《禮記》的結果。「被髮」雖然最初是行之自然，但比之笄纚、髻髮顯然更能表達孝子「五情糜潰」、「荼毒難居」的心情[54]，且與「徒跣」、衰絰也更為配套和一致化，故能夠為儒家喪禮所接受。二是由於少數族風俗影響，北朝統治者帶頭行「被髮徒跣」之禮，在朝廷民間勢必影響很大。筆者懷疑不僅這一方式早就為官民所熟悉，且此喪俗在北朝時已經結合儒家喪禮而逐漸被制度化了，《開元禮》有此無疑也與隋及唐初禮典上承北朝制度有關。《隋書·禮儀志》三說牛弘曾批評南朝禮儀，以為「制禮作樂，事歸元首，江南王儉，偏隅一臣，私撰儀注，多違古法」，所以他主持撰作的《開皇禮》「悉用《東齊儀注》以為準，亦微采王儉禮」[55]。因此「被髮」很可能是《開皇禮》吸收北魏、北齊禮的內容。由於《開元禮》的製作是通過「折中」《貞觀》、《顯慶》二禮而上承隋禮[56]，所以修禮大臣或許沒有考證其中的異同就照單全收了。

　　必須明確的是，《開元禮》吸收此儀不僅與儒家之古禮相糅合，而且仍只用於初喪之際的孝子對父母，並不用於臣為君。即使到了宋代制定散髮之儀，看得出仍然行於帝后宮眷，而沒有規定大臣也要散

54　語出敦煌 P.3442 杜友晉《吉凶書儀》「父母喪告答祖父母書」、「父母喪告答兄弟姊妹書等」，錄文見趙和平：《敦煌寫本書儀研究》，新文豐出版公司 1993 年版，第 196-198 頁。

55　《隋書》卷八《禮儀志》三，第 156 頁。

56　《舊唐書》卷二一《禮儀志》關於《開元禮》製作，第 818 頁。參見陳寅恪：《隋唐制度淵源略論稿·禮儀篇》，中華書局 1963 年版，第 61 頁。

髮，所以散髮仍是被作為家內之儀看待的。不過，散髮既然被皇帝喪禮所規定，也說明已正式納入國禮，可以說是皇帝私禮入國禮的一個表現。當然關於這一點，已經是另當別論的一個話題了。

一二　「中祥」考
——兼論中古喪制的祥忌遇閏與齋祭合一*

　　古禮最重喪服，而儒家的父母三年喪制一經確立，大約是亙古不變的，其中喪制內小祥、大祥的衣服變除之節多見於禮儀規定和文獻記載。但是從敦煌和存世文獻中又發現有「中祥」一詞。中祥如何理解？論者或認為中祥處於大小祥之間，與喪制行佛教的一年喪、三年喪儀式有關。那麼中祥一語，究竟是否因佛教產生？它與儒家的喪禮祥忌有何關係？事關喪服和喪制，故在探討中古喪禮種種問題之前，必先予以解決。

（一）何謂「中祥」

　　「中祥」一詞，以往很少為研究者所注意，但是敦煌法藏 P.2622 張

＊　本文原載《敦煌吐魯番研究》第 13 卷，上海古籍出版社 2013 年版，第 159-181 頁，發表時略有增補。

敦《新集吉凶書儀》凶儀部分述孝子服喪引起了人們對它的興趣。其
文曰：

> 從亡後來年死日，謂之小祥，即預造布衣換之，衫袴一切稍輕初
> 喪。不許至□□即擗踊哭泣，內外皆哭，別人與換衣服，號哭盡哀。
> 〔主〕撰設祭，祭文在後卷中，便令子弟勾當設齋。自中祥已後，晦朔
> 日哭泣奠祭，余時並止。從亡後廿五月月盡是也，預造禫衣服（下言
> 衣服式樣及換服過程略）。六十日滿，即脫禫衣服……至月終則任著尋
> 常衣服，是謂禮制終也。[1]

這裡在小祥之後，出現了「中祥」一詞。那麼，什麼是中祥呢？
可以知道的是，書儀這裡所言的都是喪禮各個階段的內容，其中「亡
後廿五月月盡」也是指大祥。因此中祥應該是與喪禮中的喪服變除各
節有關的。

按儒家喪禮在斬衰（父）、齊衰（母）三年喪中有小祥、大祥的規
定，小祥、大祥是喪期中的祭禮舉辦之日，也是喪服變化和減輕的節
點。《儀禮‧士虞》（並見《禮記‧間傳》）略曰：「朞而小祥，又朞而
大祥，中月而禫。」[2]小祥是週年祭，一般的說法是第十三個月，也即
《禮記‧喪服四制》所謂「期十三月而練冠」[3]。大祥則是二週年祭，即
《禮記‧三年問》所說「三年之喪，二十五月而畢」[4]。班固曾解釋三年

1　《法藏》（16），上海古籍出版社 2001 年版，第 316 頁。錄文並參趙和平《敦煌寫本
　　書儀研究》，新文豐出版公司，第 573-574 頁。

2　《儀禮註疏》卷四三，《十三經註疏》，中華書局 1980 年版，第 1176 頁；並參《禮記
　　正義》卷五七，同書第 1660-1661 頁。

3　《禮記正義》卷六三，第 1695 頁。

4　《禮記正義》卷五八，第 1663 頁。

二十五月之説曰：

　　三年之喪何二十五月？以為古民質，痛于死者，不封不樹，喪期無數，亡之則除。後代聖人，因天地萬物有終始，而為之制，以期（朞）斷之。父至尊，母至親，故為加隆，以盡孝子之恩。恩愛至深，加之則倍，故再期二十五月也。禮有取于三，故謂之三年，緣其漸三年之氣也。故《春秋傳》曰「三年之喪，其實二十五月」也。三年之喪不以閏月數何？以其言期也。期者，復其時也。大功已下月數，故以閏月除。《禮·士虞經》曰：「期而小祥。」「又期而大祥。」[5]

　　大意是説父母喪是週年的「加隆」，也即三年之喪，實僅過二年而已，所以大祥也可稱為「再周」之禮[6]。不過葬禮最後的禫祭（禫祭之後恢復平常衣服），據王肅的解釋是與大祥同月，按鄭玄的解釋卻與大祥間隔一個月，是二十七個月。唐朝喪制依鄭玄説，《大唐開元禮·五服制度》規定的也是如此[7]。

　　喪禮需要經過小祥、大祥、禫除各節，悲哀逐漸減輕，而衣服式樣也漸次接近常態。其中的服喪程期也為法令所規定。見諸書儀，則P.3637杜友晉《新定書儀鏡·凶下》於「內族〔服〕圖」下有「《喪葬令》稱三年廿七月，匿，徒二年；稱周十三月服，匿，徒一年（下

5　（清）陳立撰，吳則虞點校：《白虎通疏證》卷一一《三年喪義》，中華書局1994年版，第507-509頁。

6　見《通典》卷八七《禫變》「議曰」論「祥禫之義」釋《禮記·三年問》作「三年之喪再周」，及引《間傳》「又朞而大祥」亦作「再周而大祥」。中華書局1988年版，第2386-2387頁。

7　《大唐開元禮》卷一三二《五服制度》斬衰三年「總論節制」、齊衰服之下論節制，洪氏公善堂本，民族出版社2000年版，第621、623頁。

略）」，又有「凡三年服，十二（三）月小祥，廿五月大祥，廿七月禫，廿八月平裳。凡週年服十三月除（下略）」[8]，是唐朝的律令制度基本依從古禮，並未見有中祥一說。

　　既然如此，那麼中祥一詞，來源何在？譚蟬雪女史首先注意到此詞在書儀和其他敦煌文獻中的出現，並發現其中提到的中祥，多與佛教儀式連在一起，故提出中祥在傳統禮制及中原地區沒有的看法。她的解釋是敦煌三年喪禮不是儒禮規定的二十五個月，而是僧俗禮並用的三週年。佛教一年齋為小祥，三年（三十六月）齋為大祥，這樣中間便有一年的空缺，中祥於是夾在小祥、大祥中間，時間是兩週年。所以敦煌的喪制是冠儒禮之名，而行釋教之實[9]。她在《敦煌學大辭典》的相關條目中也做了大致相同的解釋[10]。而劉安志也根據 S.6178 和 P.2187 文書等記載，認為中祥是兩年祭[11]。筆者以往亦人云亦云，但細思之下，還是感到其中頗有些疑問。

　　問題在於「中祥」一詞，能不能夠就說儒家禮本來沒有，完全是因民俗效儒禮之名行釋教之實才興出來的呢？

　　這一說法很值得懷疑。因為首先，張敖書儀以「新集」為名，並

8　按「廿八月平裳」見 P.3637 敦煌杜友晉《新定書儀鏡》，錄文見趙和平《敦煌寫本書儀研究》，第 320 頁。並參《法藏敦煌西域文獻》26 冊，上海古籍出版社 2002 年版，第 181 頁。

9　譚蟬雪：《三教融合的敦煌喪俗》，載《敦煌研究》1991 年第 3 期，第 79 頁；《喪祭與齋忌》，《敦煌學與中國史研究論集──紀念孫修身先生逝世一週年》，甘肅人民出版社 2001 年版，第 228 頁。《敦煌民俗──絲路明珠傳風情》第五篇第五章第三節《十王與十齋·中祥》，甘肅教育出版社 2006 年版，第 371-372 頁；下同。按譚蟬雪的觀點又在邊章《敦煌文書中的「中祥」》的補白中予以介紹，《西北師範大學學報》1993 年第 4 期，第 65 頁。

10　《敦煌學大辭典》「大祥」、「中祥」條，上海辭書出版社 1998 年版，第 443 頁。

11　劉安志：《大祥、中祥、小祥》，《文獻》1992 年第 2 期，第 257-258 頁。

不是源自敦煌自產，而是從鄭餘慶元和《新定大唐吉凶書儀》「采其的要，編其吉凶」而來。這一點在 P.2646 張敖書儀吉儀部分的自序中已說得很清楚[12]，所以其中的主要內容應當是來自中土的鄭氏書儀。鄭餘慶是元和大臣，按張敖序言的説法鄭氏書儀是「今朝廷遵行」，必當依照唐時禮制，所以不可能有不按禮令規定的二十七月卻按三十六個月的喪制。其次，雖然不能斷定書儀中有無張敖另改另加的內容，但是，觀 P.2622 所言喪禮程序均與儒家禮相合，內「從亡後廿五月月盡是也」一語前應當是少了「大祥」兩字，因為此後緊接「預造禫衣服」且「六十日滿，即脫禫衣服」。大祥後才可能有禫祭，如果二十五月不是指大祥，又何來二月之後的脫禫服之説呢？所以，張敖書儀是二十五個月大祥，二十七個月舉行禫祭，完全是按照古禮鄭玄説和唐朝禮制。既如此，前面所説的中祥，顯然是在這二十七月之中，也即在儒家禮的範圍之內，與所謂敦煌自行的三年三十六個月的喪制完全沒有關係。那麼中祥究竟是何意呢？

檢索史料，發現中祥一詞，實則前代早已有之。其最早見於《漢書·文帝紀》關於文帝喪「服大紅十五日，小紅十四日，纖七日，釋服」之下應劭的註釋：

> 紅者，中祥、大祥以紅為領緣。纖者，禫也。凡三十六日而釋服矣。此以日易月也。[13]

按關於以上服制，後人解釋不同。如服虔就認為大紅、小紅，「皆

12 《法藏》（85），2001 年，第 85 頁。

13 《漢書》卷四《文帝紀》後元七年（前 157）夏六月條及註，中華書局 1962 年版，第 132-134 頁。

當言大功、小功布也。纖，細布衣也」。晉灼以為「《漢書》例以紅為功也」。而顏師古也認為紅與功同，贊成服、晉之說。並認為「此喪制者，文帝自率己意創而為之，非有取于周禮也，何為以日易月乎！三年之喪，其實二十七月，豈有三十六月之文？禫又無七月也。應氏既失之于前，而近代學者因循謬說，未之思也」。意思是說以日易月是代替喪服二十七月，哪裡有什麼三十六月之說呢！

　　儘管對服制有爭論，相關中祥一詞在此處出現卻是不爭之事實。應劭乃東漢末人，這證明至少漢代已有此名，而且與大祥並列，也是共儒家禮而論之。只是應劭言中祥、大祥未言小祥，而中祥顯然也在喪制之內。最近讀到韓碧琴《敦煌文書中祥考》一文，發現其文已就傳世文獻所見之中祥數據進行了梳理，提出中祥乃「禮制百代承傳，斟酌損益，有其相因相革之跡。自唐五代上溯東漢魏晉南朝，下逮趙宋，征諸典籍，喪服服制之『中祥』，雖禮經不載，然行之歷代，為介於『小祥』、『大祥』之受服，不獨為敦煌地區之習俗」[14]。就是說，中祥其實是在儒家喪禮制度之內的，這樣就否定了儒家禮沒有中祥的說法。惜哉存世文獻中的大祥都是二十五個月，她所得出的結論卻仍認為中祥介於小祥、大祥之間，並未對儒家禮中祥的真正含義及舉行時間作出正確合理解釋，因此，對於中祥的意義尚需要進一步考訂。

　　那麼中祥在儒家禮究為何意呢？要弄清這一點，仍要從兩晉南北朝人關於中祥的討論中去尋找線索。《通典》卷八七《斬縗喪既葬緝縗議》載曰：

14　韓碧琴：《敦煌文書中祥考》，《興大中文學報》第 19 期，2006 年 6 月，第 169-186 頁，說見其文提要。

晉魏休寧云：「以大功之縗，易既練之服，是中祥宜緝其縗也。若不緝，為重大功，不得奪之。」

魏顗云：「按卒哭更以六升布為縗，但齊。既葬，還服既虞之縗，若如斯言，以大功之喪（衰或縗？），奪既練之服。尋詳三年之喪及大功之服，皆喪之重者也，而使斬縗但止三月，殆非立禮之意。禮大功以上服降，皆以布升數為差，故大喪初縗三升，既虞六升，中祥七升。縗以三變，非不降也，何必期于緝縗然後為殺。愚謂服相易奪，正以升數重輕，不繫縗之齊斬。」

休寧又言：「三年之喪，笄杖不易，其餘皆變，中祥緝縗，是輕之也。且為父初以三升之縗，既虞受六升之布，輕（重？）于母也。齊縗既葬而虞，以七升布為縗，輕于為父也。」

顗又難曰：「禮云女子子適人，有父母之喪，既成齊縗之服而夫出之，不改服而待既虞更服斬縗之服，受笄總屨帶如故終三年。以此徵之，不緝縗亦可知也。緝與不緝，別齊斬耳。今斬止一週，稱為三年，未為先見。」

休寧又云：「三年之喪再周耳，數月不合稱三年。斬者舉大數之名，一週大喪之正禮。皇轉降中祥，安得不緝，不緝則無變，明不應終喪斬者可知也。」

虞喜云：「斬縗，因喪之稱，非為終三年也。按禮為母喪縗四升，而父喪既虞縗六升，此為齊制，不復斬也。今代人既葬之後無改易，

唯小祥而變，故緝在此月。父母情等，服俱三年，父斬縗，母緝縗，以別尊卑。斬止三月，未為怪也。女子出，待既虞受以斬縗之受（服？），非更斬也。」（以下略）[15]

這次討論大致在東晉時代，內中牽涉服制在服喪不同階段的減降問題，並不是很好理解，其中也涉及「中祥七升」相當大功繐服以及到底應不應當「緝縗」的疑問。但與之有關，相當重要的一點是説三年之喪不過是「再周」，所謂「斬」者不過是「舉大數而言之」。根據禮制，三年之內歷經初喪、殯斂、葬事、虞祭、小祥、大祥、禫祭，服喪的程度要逐步減輕。由於服衣的布是以升為粗細，升少的布粗，升多的布細，喪事越在初始階段越重，布越粗，所以規定三年大喪初服三升，入葬後行虞祭便改為六升，而到中祥，就改為七升。這裡魏休寧又堅持「一週」之後的中祥必須「緝縗」以為降殺。據《儀禮‧喪服傳》「斬者何，不緝也」與「齊者何？緝也」的分別，以及鄭玄關於喪服「凡五服之衰，一斬四緝」的解釋[16]，斬衰的喪服是不縫緝衣服邊緣的，有別於齊衰以下（包括齊衰、大功、小功和緦麻）的緝邊。「緝縗」就是將原來斬衰的不緝邊改為緝邊，也是變服為輕的一種表示。

由於小祥是喪服一週之禮，而根據魏休寧之説「三年之喪再周耳」，中祥「緝縗」是在一年之後，所以韓文據此提出「中祥之服制必介於周與再周耳」。但令人有疑的是相對魏休寧的議論，虞喜又提出「今代人」既葬之後無改易，「唯小祥而變，故緝在此月」的説法。也

15　《通典》卷八七《斬縗喪既葬緝縗議》，中華書局 1988 年版，第 2396-2397 頁，分段為筆者所加。

16　《儀禮註疏》卷二九、卷三〇、卷三四，第 1101、1103、1125 頁。

就是說所謂緝繰是在小祥之月。這樣就提出了一個問題：為何緝繰在中祥卻又在小祥呢？且既然小祥之月已然行之，卻為何又要說「中祥緝繰」？

不僅如此，還可以發現兩者在其他方面也有交叉。《通典》卷八八《五服年月降殺・嫡孫持重在喪而亡次孫代之議》：

> 宋江氏問：「甲兒先亡，甲後亡，甲嫡孫傳重，未及中祥，嫡孫又亡，有次孫，今當應服三年不？」何承天答曰：「甲既有孫，不得無服三年者，謂次孫宜持重也。但次孫先以制齊繰，今得便易服，當須中祥乃服練居堊室耳。昔有問范宣云：『人有二兒，大兒無子，小兒有子，疑于傳重。』宣答：『小兒之子應服三年。』亦粗可依。」

這段話也涉及中祥，意思是傳重的嫡孫未到中祥便死了，只能改以次孫承重。次孫不僅要從原來的齊繰一年改為斬衰三年，而且至中祥還要「服練居堊室」。

那麼，中祥又為何要「服練居堊室」，這與古禮的小祥到底有何關係？對此，《禮記》其實已經解答。《禮記・間傳》說：「父母之喪居倚廬，寢苦枕塊，不說（同脫）絰帶。」又說：「期而小祥，居堊室，寢有席。又期而大祥，居復寢。」[17]也就是說，小祥應該從原來居住只有「苦塊」的倚廬，改為備有蓆子、條件稍好一點的堊室，小祥廬變堊室，表明進入服喪的又一階段，到大祥才回歸喪前居住的寢室。

《間傳》又說：「期而小祥，練冠縓緣，要（同腰）絰不除。男子除乎首，婦人除乎帶。」同書《喪服四制》說：「期而練。」說的也是

17　《禮記正義》卷五七，第 1660 頁。

小祥。《禮記.檀弓上》:「練，練衣黃裡，縓緣。」縓緣是粉紅色的邊，這與應劭所說「中祥、大祥以紅為領緣」頗有相似之處。鄭玄解釋說:「小祥練冠，練中衣，以黃為內，縓為飾。」又同書《服問》註曰:「父既練，衰七升。」[18]也就是說,「服練居堊室」、以紅為領緣以及服七升布等，原來就是小祥之居所及服飾。

另外小祥之哭奠變化也與中祥等同。S.1725 書儀說「十二（三？）月練，斂廬作堊室。迭毌為之，不塗慨（墍），鄉（向？）下為之。月一日、十五日、卅日則哭」。十二月練，就是小祥。由於小祥應舉行在十二月結束，十三月開始，所以書儀的十二月與常言之十三月並無矛盾，僅是說法不同。而「月十一、十五和卅日則哭」是在小祥以後，與張敖書儀所說的「自中祥已後，晦（三十）朔（初一）日哭泣奠祭，餘時並止」意思也是相同的。

因此綜合上述，可以理解從喪到小祥和中祥的變化、說法都十分一致，而服練者尤其是標誌之一。小祥由於古禮規定從衰絰麻衣改服練冠練衣，故也被稱為練祥。而中祥既然衣服、哭奠的時間均同小祥，則中祥也就是小祥、練祥或曰儒家禮的週年變服祭。非常幸運的是，在近期發表的墓誌中，我們已發現了中祥的實例。《唐故河南元府君夫人陳國陳氏（恭和）墓之誌銘並序》言墓主之夫死於會昌癸亥（三年）春，甲子（四年）夏五月中祥，其時間恰當通常所謂的小祥十三個月左右[19]。

另外小祥既稱小練或練祥，中祥亦可稱為中練。《魏書‧竇瑗傳》:

18　以上見《禮記正義》卷五七《間傳》、卷六三《喪服四制》、卷八《檀弓上》鄭註、卷五七《服問》鄭註，第 1661、1695、1293、1658 頁。

19　《唐故河南元府君夫人陳國陳氏（恭和）墓之誌銘並序》，張乃翥輯《龍門區系石刻文萃》345 號，國家圖書館出版社 2011 年版，第 342 頁。

「朞而中練，父憂少衰，始念于母。」[20]《白氏六帖事類集》喪服部分也註小祥曰：

中祥也，亦曰練。[21]

顯然為此提供了最權威的證明。

由此可以得出結論，張敖書儀所說中祥即小祥，兩者不過異名而同實。儒家喪禮大祥就是兩年，所以不可能另外再有兩年祭；換言之只有小祥大祥，或稱中祥大祥，沒有小祥大祥之外的中祥。之所以稱小祥為中祥，推測乃是由於小祥的十三月實際上已到達喪期二十五月的一半，取其中間之意而已，這種混稱對魏晉之人並不是問題，卻造成今人的困擾。由於它敘述喪禮儀節中祥緊接小祥，很容易讓人誤會小祥之後又有中祥，然後才是大祥。但所言中祥以後的「晦朔日哭泣奠祭」已證明仍是在說小祥，所以中祥乃小祥的重複語。從存世文獻中見到的中祥，常常與大祥並列，實際也是以中祥代小祥。此稱至少漢代已相沿為習，歷經南北朝至唐宋間人還有稱用，其中之意當時人很明白，所以言談話語中常常有互相指代的情況，包括張敖書儀（或言原本鄭氏書儀）也是如此，但後人或許就不那麼清楚了。清人趙殿成撰《王右丞集箋注》，對王維《西方變畫贊並序》一文中提到的「中祥」只是引述應劭所言，但又說「究未考中祥是何時也」[22]，可見至少清人已經不使用也完全不知道中祥的含義了。

20　《魏書》卷八八《寶瑗傳》，第 2809 頁。

21　《白氏六帖事類集》卷一九《祥五十》，傅增湘舊藏影印本，文物出版社 1987 年版。

22　（唐）王維撰，（清）趙殿成箋註：《王右丞集箋注》卷二〇《西方變畫贊並序》，《景印文淵閣四庫全書》第 1071 冊，第 258 頁。

　　這裡弄清了中祥的意義，還有一個連帶問題也要解決，即晉宋之際小祥或者中祥的討論究竟意味著什麼，為何晉宋之人要對喪服變除的制度如此關心？這一點並非偶然，而是涉及漢魏與兩晉之際喪禮的變化。可以知道的是漢魏皇帝實行以日易月或葬畢除服的喪禮權制，即使大臣百官服喪也得不到保證。據說東漢安帝元初三年（116）曾下詔「大臣得行三年喪，服闋還職」，但終因某些官員和「宦豎」的反對而未得行[23]。這種情況甚至延續到晉初。《宋書·禮志》二說：「晉宣帝崩，文景並從權制。及文帝崩，國內行服三日。武帝亦遵漢魏之典，既葬除喪，然猶深衣素冠，降席撤膳。」然喪制的變化正是從自號「諸生家」的晉武帝開始。在其上臺伊始的泰始元年（265），即頒佈了將吏、二千石以下得終三年喪的詔令。太康七年（286）以後，所有大臣為父母都可以服三年喪[24]。雖然朝廷有起復之權，但是在一般情況下，百官是可以按制服喪的，這使三年喪制的實行有了制度的保障。

　　不僅如此，晉武帝躬行喪禮，雖然帝、後喪禮仍行權制，但臣下上奏稱他為文帝喪，在「躬勤萬機」的同時「以萬乘之尊，履布衣之禮，服粗席稿，水飲蔬食，殷憂內盈，毀悴外表」，而「帝遂以此禮終三年，後居太后之喪，亦如之」[25]，真正對父、母行了「三年心喪」。當然對喪禮的關注和實行並不僅是皇帝，但皇帝的舉動恐怕對當時和後來都有榜樣作用。兩晉之際社會上層重視名教，而相關喪禮的討論極多，對喪禮的實踐頗有影響。這一點陳戍國已經指出，他分析兩晉之際的喪服認為，「統治者之於孝道的提倡，門閥制度的推動，喪服制度的傳統影響及其全面深入的討論，於是造成了晉朝最重喪服因而努

23　《後漢書》卷四六《陳忠傳》，中華書局 1965 年版，第 1560-1561 頁。
24　《宋書》卷一五《禮志》二，中華書局 1974 年版，第 388、391 頁。
25　《晉書》卷二〇《禮志》中，中華書局 1974 年版，第 614-615 頁。

力恢復先秦傳統喪服制度的局面」[26]。事實上對儒家喪禮的實踐與當時關於喪服的討論相互推動，晉武帝時不僅大臣官員須有三年之喪，且因杜預建言，皇帝（或太子）對父母也須在行權制的同時，行三年「心喪」，這就進一步造成了對祥、禫等喪禮規則的要求，而對喪禮的重視也一直延續於整個南朝，可以說東晉南朝的喪禮雖然於古禮有很多變化，但相關討論始終是圍繞儒家禮制而進行，其基本的規則也未能脫離這一軌道。

（二）東晉南朝關於祥忌遇閏的爭辯及牛弘取消朞練的公案之由

　　兩晉南朝之際關於喪禮的討論極為活躍，牽涉方面很多，而就喪制而言，除了衣服變除的禮節，還有各節次舉辦的時間問題，這就牽涉祥忌遇閏的疑慮。由於舊曆時常遇到閏月，喪期中的周忌、祥除如果遇到閏月應當怎樣計算？這一問題在東晉南朝之際曾引起不少爭論，如東晉王彪之、蕭齊的王儉都曾專門針對三年喪之祥忌或「杖朞之中祥」遇閏加以處置。隋朝牛弘也曾以「朞服十一月而練者，無所象法」為名，請求文帝下詔取消朞練。由於此問題所涉南朝禮法以及與牛弘取消朞練之關係，以往很少有人注意。故在考定中祥、小祥關係之後，再將這一中古以為大難的祥忌遇閏問題補論如下。

1. 祥忌遇閏的爭辯和原則

關於喪期遇閏的問題，唐宋法令有明確規定。天一閣藏北宋《天

26　參見陳戍國：《中國禮制史·魏晉南北朝卷》第二章第七節《晉朝喪葬禮儀（下）》，湖南教育出版社 1995 年版，第 158-164 頁，引文見第 160 頁。

聖令》「宋二十八」條有：「諸三年及朞喪不數閏，大功以下數之。以閏月亡者，祥及忌日，皆以閏所附之月為正。」以《大唐開元禮》卷一五○《王公以下喪通儀‧居常節》（《通典》卷一四○同）並參考《隋書‧禮儀志》所載《開皇令》復原的唐令是：「諸三年及朞喪不數閏，（禫則數之。）大功以下數之。以閏月亡者，祥及忌日，皆以閏所附之月為正。」[27]內容基本一致，唯多一句註文而已。前揭《白虎通》已言三年和期（朞）喪按年不數閏，及大功以下按月數閏的區別。《通典》在「會稽內史郗愔書」論閏月之後引鄭玄曰「以月數者則數閏，以年數者雖有閏不數之」，又引射慈言「三年、周喪，歲數沒閏，三九月以下，數閏也」[28]，均與之同。這裡忌日即指父母去世的每週年紀念。沒閏是不數閏，意即三年和朞喪中閏月都忽略不計算在內，但是大功以下則按月計數。另外，如果亡在閏月，就以閏所附的月為正，無論祥日和忌日都是這樣。當然這都是指喪期之內，禫日喪禮已經結束，所以禫月如有閏月，就須排除，這一點也是唐令註文之意。

以上原則由來已久，班固、鄭玄之外，何休《公羊傳》實際上對「喪以月者數閏，以歲者不數閏」也已經明確[29]，並有「閏者正取期月，明期三年之喪，始死得以閏數，非死月不得數閏」之說[30]。《禮記》有「喪事先遠日」的原則。孔穎達解釋說：「喪事先遠日者，喪事謂葬與二祥，是奪哀之義也。非孝子之所欲，但制不獲已，故卜先從

27　天一閣博物館、中國社會科學院歷史研究所天聖令整理課題組：《天一閣藏明鈔本天聖令校證──附唐令復原研究》下冊《唐喪葬令復原研究》，中華書局 2006 年版，第694頁。

28　《通典》卷一○○《喪遇閏月議》，第 2656 頁。

29　《通典》卷一○○《喪遇閏月議》，尚書右丞戴諡議，第 2653 頁。

30　詳《春秋公羊傳註疏》卷二一襄公二十八年「十有二月，楚子昭卒」註疏，《十三經註疏》本，中華書局 1980 年版，第 2312 頁。

遠日而起，示不宜急，微伸孝心也。」[31]就是說，下葬與小祥、大祥的時日，應該在允許的範圍內選擇儘可能靠後一些的「遠日」。但是自東晉開始，關於「喪遇閏月」如何處置的問題，卻屢屢成為禮學家爭論的一個焦點。《晉書·禮志》記曰：

　　寧康二年（374）七月，簡文帝崩再周而遇閏。博士謝攸、孔粲議：「魯襄二十八年十二月乙未，楚子卒，實閏月而言十二月者，附正于前月也。喪事先遠，則應用博士吳商之言，以閏月祥。」尚書僕射謝安、中領軍王劭、散騎常侍鄭襲、右衛將軍殷康、驍騎將軍袁宏、散騎侍郎殷茂、中書郎車胤、左丞劉遵、吏部郎劉耽意皆同。[32]

　　寧康二年（374）七月的爭議，在於不是一般的喪服期內遇有閏月，而是應舉行大祥的月份是閏月，並且日期也是在後邊的閏月。此即散騎常侍鄭襲所說：「簡文皇帝七月二十八日崩，己未之日。今年己未在閏月十日。」所以關於忌日和大祥應在閏之前月（正月）還是後月（閏月）便成為問題。其事當由博士吳商上言而起，認為根據「喪事先遠」的原則應將祥日放在閏月。《通典·喪遇閏月議》全面記載了其時的論爭過程。博士謝攸、孔粲表贊同後，左丞劉遵又有所發揮。他提出「喪紀之制歲數者沒閏，而三年之喪閏在始末者，用舍之論，時有不同。唯當本乎閏之所繫，可以明折中」。並根據「喪宜從重，不貳之道，祥用遠日，禮之正典」的原則，提出「周忌故當用七月二十八日，大祥應用閏月晦，既得周忌之正，不失遠日之義」，這樣周忌和大祥就

31　《禮記正義》卷三《曲禮》上，第 1251 頁。

32　《晉書》卷二〇《禮志》中，中華書局 1974 年版，第 617 頁。

被分別放在兩個月裡舉行。鄭襲則以中宗、肅祖（晉元、明二帝）及荀司徒（組？）[33]亡於閏月而祥用閏之後月為例以支持其說。認為古人用「子卯」（按指干支）計日，「時不用子卯而用二十八日久矣。若己未在他月，今者不能變改。閏附七月，己未在閏，今者用閏，益遠日之情也。」也贊成祥日在閏月。吏部郎劉耽提出「閏無定所，隨節而立」，贊成祥用閏月晦，太常丞殷合議亦同劉遵[34]。

　　儘管以上諸人多認為忌日應在正月，而祥日用閏月晦日，然而反對的意見也頗多。《晉志》言「尚書令王彪之、侍中王混、中丞譙王恬、右丞戴謐等議異」。以王彪之為代表，提出「吳商中才小官，非名賢碩儒、公輔重臣、為時所準則者」，認為他「取閏無證據」。上議稱：「三年之喪十三月而練，二十五月而畢，禮之明文也。《陽秋》之義，閏在年內則略而不數，明閏在年外，則不應取之，以越朞忌之重，禮制祥除必正朞月故也。」[35]意即祥除應在正月而不在閏月，理由是閏月已在服喪期外。從《通典》所載「尚書僕射謝安等參詳」，知結果完全遵照王彪之的意見，以「祥除必正周月。請依禮用七月晦，至尊釋除縞素，俯就即吉」，也即祥忌都被置於閏所附之正月，得「詔可」[36]。

　　也許是王彪之等以權勢壓人，其主張並不能使後人信服。更兼祥忌遇閏的情況不一，除了祥日遇閏，還有亡日遇閏的情況，所以至宋孝武帝孝建元年（454）六月，因湘東國刺問「國太妃以去年閏六月二

33　荀司徒疑為荀組。《晉書》卷六《元帝紀》：「（永昌元年，322）十一月，以司徒荀組為太尉。己酉，太尉荀組薨。」（第156頁）按其年十一月有閏月，但「己酉」不在十一月而在十二月一日。標點本註釋〔11〕指出《資治通鑑》卷九二作「辛酉」，但辛酉在十一月不在閏月，存疑。

34　以上參見《通典》卷一○○《喪遇閏月議》，第2651-2653頁。

35　《晉書》卷二○《禮志》中，第617頁。

36　《通典》卷一○○《喪遇閏月議》，第2656頁。

十八日薨，未詳周忌當在六月，為取七月」而再引爭議。博士丘邁之論以為「案吳商議，閏月亡者，應以本正之月為忌」，應以「商議為允。宜以今六月為忌」。左僕射建平王宏卻提出「邁之議不可準據。案晉世及皇代以來，閏月亡者，以閏之後月祥。宜以來七月為祥忌」[37]。

等到大明元年（457）二月，又因有司奏「太常鄱陽哀王去年閏三月十八日薨，今為何月末祥除」而「下禮官議正」。博士傅休議以為應當按「晉元、明二帝並以閏二月崩，以閏後月祥」的先例辦，太常丞庾蔚之卻提出：「禮，正月存親，故有忌日之感。四時既已變，人情亦已衰，故有二祥之殺。是則祥忌皆以同月為議，而閏亡者，明年必無其月，不可以無其月而不祥忌，故必宜用閏所附之月。」並稱：「通關並用閏附于正，而正不假閏，得周便祥，何待于閏。且祥忌異月，亦非禮意。」結果他説服眾人，定喪禮於「三月末祥」。「通關」者其實是等同王彪之所建原則，使祥、忌遇閏月時，無論何種情況，都在閏所附之正月而不在閏月或閏之後月。

2. 王儉對杖朞遇閏的處理與牛弘改革

中祥或曰小祥不僅在三年喪中有之，父存母亡的齊衰杖朞一年服也有之。《禮記·雜記》下曰：「期之喪十一月而練，十三月而祥，十五月而禫。」[38]顧炎武對此的解釋是：

蓋以十月當大喪之一週，逾月則可以練矣，故曰十一月而練。以十二月當大喪之再周，逾月則可以祥矣，故曰十三月而祥（必言十一月、十三月者，親喪外除）。又加兩月焉，則與大喪之中月同，可以禫

---

37 《宋書》卷一五《禮志》，中華書局 1974 年版，第 402 頁；並參《通典》卷一〇〇《喪遇閏月議》，第 2656-2657 頁，下同。

38 《禮記正義》卷四二，第 1563 頁。

矣，故曰十五月而禫。[39]

　　按母喪本也應行三年喪，改為齊衰杖朞的一年服，是父存母亡的「壓降」之法，因此是比照三年而進行的，故也有月份的計數，其中十月相當一年，所以十一月就比照三年的小祥，十三月比照三年的大祥，而十五月就等同三年的禫祭。

　　另外，一年喪有杖朞不杖朞之分，前者主要行於父在為母及夫為妻，後者乃為祖父母、伯叔父母、為眾子、為兄弟和兄弟子（在室女同）、為嫡孫等行之。禮雖然主要針對杖朞，但事實上非杖朞也有喪期內遇閏的問題。P.3637 杜友晉《新定書儀鏡·凶下》即泛言「凡週年服十三月除」。上引鄭玄和射慈關於數閏的說法都言及朞喪。而上述鄱陽哀王去年喪今年除，按身分非杖朞，其實已經涉及一般朞喪遇閏祥除應在何月的問題。

　　但或許是一年喪雖可以比照三年行變除，其大祥除服也有「沒閏」之法，但小祥遇閏以往卻很少涉及，所以南齊高帝時，對相關問題再次進行了討論。《南齊書·禮志》記載了建元三年（481），有司奏皇太子穆妃喪祭數閏之疑，以及「褚淵難（王）儉」及王儉對答[40]。這一次的問題是朞喪小祥年內遇閏是否計數。有司提出：「皇太子穆妃以去年七月薨，其年閏九月。未審當月數閏，為應以閏附正月？若用月數數閏者，南郡王兄弟便應以此四月晦小祥，至於祥月，不為有疑否？」南郡王兄弟是穆妃的兒子，為穆妃服齊衰杖朞。有司的意思是如果記數閏月，是否就應當在去世第二年的四月末行小祥祭？

39　（清）黃汝成撰、秦克誠點校：《日知錄集釋》卷六「十五月而禫」條，嶽麓書社 1994 年版，第 225-226 頁。

40　《南齊書》卷一○《禮志》下，中華書局 1972 年版，第 159-160 頁。

　　於是尚書左僕射王儉主持定議。他仍以《尚書》、《公羊》、《穀梁》「天無是月」等為依據，也即閏月本不是月，而持「先儒咸謂三年朞喪，歲數沒閏，大功以下，月數數閏。夫閏者，蓋是年之餘日，而月之異朔」的原則，以吳商所云「含閏以正周，允協情理」為是，認為「今杖周之喪，雖以十〔一〕月小祥，至於祥縞（按即大祥），必須週歲」，又認為杖朞本是三年喪的厭屈之禮，按名義小祥本以年限，至大祥代表兩年。朞喪小祥和大祥之間比照也應該相距二月。「含閏」與「沒閏」相同，都指不數閏。依照杖朞不數閏的原則，大祥須多一個月。但小祥如數閏，與之不符，兩者間便隔成了三個月，所以「謂應須五月晦乃（小）祥」，即小祥也以沒閏的原則向後延一個月。

　　事下八座討論，尚書令褚淵提出「今以十一月而祥，從朞可知。既計以月數，則應數閏以成典，若猶含之，何以異于縞制（大祥）」，又以為「計月者數閏，故有餘月，計年者包含，故致盈積」，也即一年喪的小祥本以月數，如不計算閏月，將與大祥無所區別。王儉則針對其問難回答說：

　　含閏之義，通儒所難。但祥本應朞，屈而不遂。語事則名體具存，論哀則情無以異。跡雖數月，義實計年，閏是年之歸余，故宜總而苞之。朞而兩祥，緣尊故屈，祥則沒閏，象年所申，屈申兼著，二途具舉。經記之旨，其在茲乎！如使五月小祥，六月乃閏，則祥之去縞，事成二月，是為十一月以象前朞，二朔以放後歲，名有區域，不得相參。魯襄二十八年「十二月乙未，楚子卒」，唯書上月，初不言閏，此又附上之明義也。鄭（玄）、射（慈）、王（肅？）、賀（循）唯云朞則沒閏，初不復區別杖朞之中祥，將謂不俟言矣。成休甫云「大祥後禫，有閏別數之」，明杖朞之祥，不得方于綏縞之末。即恩如彼，

就例如此。

　　意思是一年期的小祥，雖是數月，但也是為應週年之「朞」，故祥則沒閏不數，無論是杖朞或三年並無區別。他引成休甫言以「明杖朞之祥，不得方于緦縞之末」一語，也是說不能將一年喪期的小祥等同大祥之後的禫月那樣排除閏月在外，而是應包含閏月在內。按王儉所言，仍是再申朞服小祥和大祥各自代表週年和二歲，故十一月小祥也須「沒閏」的道理。但從「鄭、射、王、賀唯云朞則沒閏，初不復區別杖朞之中祥」可知，「杖朞之中祥」一直以來沒有討論過，所說中祥如前已證同指小祥。因此王儉之議可以說是為以往作了補充。據說褚淵又據舊義難儉十餘問，儉隨事化解，基本得到眾人贊成，所以祠部郎中王珪最後上奏云：

　　喪以閏施，功衰以下小祥值閏，則略而不言。今雖厭〔屈〕，祥名猶存，異于余服，計月為數，屈追慕之心；以遠為週，日既余分，月非正朔，含而全制，于情惟允。儉議理據詳博，謹所附同。今司徒淵始雖疑難，再經往反，未同儉議。依舊八座丞郎通共博議為允。以來五月晦小祥，其祥禫自依常限。奏御，班下內外。

　　得「詔可」。此中的「計月為數，屈追慕之心」及「含而全制，于情惟允」就是朞服小祥也要沒閏，是十一月小祥（或曰中祥）也是根據王儉閏月不數（不計在數內）的原則辦的。

　　因此王儉對「朞喪」的小祥遇閏做了補充，三年及朞喪沒閏的原則，也因王儉進一步得以確認。但是問題至此並未結束，當梁武帝定五禮之際，「亡月遇閏」的問題又被提了出來。《隋書・禮儀志》三載

曰：

（天監）四年（505），掌凶禮嚴植之定儀注，以亡月遇閏，後年中祥，疑所附月。帝曰：「閏蓋餘分，月節則各有所隸。若節屬前月，則宜以前月為忌，節屬後月，則宜以後月為忌。祥逢閏則宜取遠日。」[41]

「亡月遇閏」的問題似乎比較複雜。上引宋左僕射建平王宏有「晉世及皇代以來，閏月亡者，以閏之後月祥」的說法，雖然因大明二年（458）庾蔚之說做了糾正，但梁朝大臣還是對三年喪的十三月中祥即小祥的附月產生了疑問。武帝的回答是如果節氣在正（前）月，就以正月為忌日，如果節氣在閏月，就以閏之後月為忌日，而祥遇閏還是要放到閏月。這個說法與以前王彪之所定祥、忌日統放在正月的規定有別，但祥日取遠的原則似同王儉。總之，南朝各代雖然不斷試圖統一併在禮制上有所延續和借鑑，但具體到前後不同時代還是有一些變化。

以上對祥忌遇閏的討論完全是來自南朝。關於北朝，史料記載僅提到一例，即北魏宣武帝延昌二年（513）春偏將軍乙龍武喪父，給假二十七月，而龍武卻「並數閏月，詣府求仕」，引起爭議。領軍將軍元珍上言，認為「案《違制律》，居三年之喪而冒哀求仕，五歲刑。龍虎未盡二十七月而請宿衛，依律結刑五歲」。但是三公郎中崔鴻駮以為，三年之喪二十五月大祥，諸儒所說的禫月，或是（大）祥月下旬，或是二十七月，「未知何者會聖人之旨」？認為「龍虎居喪，已二十六月。若依王、杜之義，便是過禫即吉之月；如其依鄭玄二十七月，禫

41　《隋書》卷八《禮儀志》三，中華書局 1973 年版，第 153 頁。

中復可以從御職事」。大祥之後即是喪事已終,「既可以從御職事,求上何為不可?」但是元珍堅執以為按鄭玄理論,龍虎還未進入禫月。「龍虎居喪二十六月,始是素縞麻衣,大祥之中,何謂禫乎?三年沒閏,理無可疑。麻衣在體,冒仕求榮,實為大尤,罪其焉舍!」最後崔鴻也同意給龍虎懲罰,但提出二十六月不過是「三年之餘哀」,三年沒閏之義,「儒生學士,猶或病諸」;龍虎生自戎馬之鄉,更不能掌握。所以雖然「龍虎未盡二十七月而請宿衛,實為忽忽」,但其罪「亦不合刑,忽忽之失,宜科鞭五十」[42]。

　　這件事說明,北朝關於喪禮基本執行鄭玄三年二十七月之說,並遵循三年沒閏原則。不過具體如何執行,及祥忌遇閏是否依照南朝理論,則未見記載。也許是北朝很少相關執行的先例,所以到得隋代,現實中祥忌遇閏的處理還是發生了問題。《隋書》卷四九《牛弘傳》載曰:

　　仁壽二年(602),獻皇后崩,三公已下不能定其儀注。楊素謂弘曰:「公舊學,時賢所仰,今日之事,決在于公。」弘了不辭讓,斯須之間,儀注悉備,皆有故實。素嘆曰:「衣冠禮樂盡在此矣,非吾所及也!」弘以三年之喪,祥禫具(俱)有降殺,朞服十一月而練者,無所象法,以聞于高祖。高祖納焉,下詔除朞練之禮,自弘始也。

　　牛弘主持了文獻皇后喪禮的制定。史言由於他的建議,文帝「下詔除朞練之禮」。其詔書見於《隋書》卷二《高祖紀》下仁壽三年

42　《魏書》卷一〇八之四《禮志》四,第 2796-2798 頁;並參《通典》卷一〇〇《喪遇閏月議》,第 2659-2660 頁。

（603）六月甲午所記，內容完全針對喪服。中心的意思在於指出父在母服的朞服小祥與三年喪小祥不同，朞喪已經「厭降」為一年，故朞服「十一月而練」「非朞非時」，既不符合古禮「父母之喪，無貴賤一也」的本意，又與禮的緣情原則不合。所謂「非禮之本，非情之實」，不合聖人意而「無所法象（象法？）」，應予取消。但詔書不過是更詳細地闡述了取除朞練之禮也就是小祥儀式的觀點和理由，其內容主張顯然完全依據牛弘的意見。

如《牛弘傳》所記，朞練的提出是由於文獻皇后喪禮。據《隋書·高祖紀》，文獻皇后崩於仁壽二年（602）八月己巳，閏十月壬寅葬太陵。喪日文帝還健在，故不但文帝本人應行「夫為妻齊衰朞」，其子也應行「父在為母服齊衰朞」。因此詔除朞練的問題，正與獻后服制有關。但詔書冠冕堂皇的說辭背後，真實的原因是什麼，以往並沒有引起太多注意。現在看來，「無所象法」之說是有針對性的，之所以不行小祥朞練之禮，乃是由於舉辦日期難於確定。因為細察之下，發現文獻皇后崩逝之年的仁壽二年（602）十月，恰恰就是閏月，這樣次年小祥計算月份就會遇到是否數閏的問題——如果數閏，就應當在仁壽三年（603）六月，不數閏則是在七月。而文帝詔出六月，正在小祥週年應舉辦的日期之前，所以取消小祥「朞練」儀式，顯然就是為了解決由這一問題所產生的矛盾。

但將「朞服十一月而練」的取消以「無所象法」為由，還是顯得可笑。「無所象法」當即無所取則之意。問題是牛弘定皇后喪禮之制時，隋朝早已統一。既然朞服小祥遇閏在南朝王儉已有定論，文獻皇后的情況也與齊太子穆妃十分一致，牛弘等卻為何不就拿來照搬呢？

筆者以往在討論皇帝禮時曾指出牛弘定隋朝五禮時，對南朝的改禮特別是喪禮十分輕蔑不滿，曾有「聖教陵替，國章殘缺，漢、晉為

法，隨俗因時，未足經國庇人，弘風施化。且制禮作樂，事歸元首，
江南王儉，偏隅一臣，私撰儀注，多違古法」的批評，並有「今休明
啟運，憲章伊始，請據前經，革茲俗弊」的要求[43]，也即從漢、晉為法
的「隨俗因時」到王儉的「私撰儀注，多違古法」都有微詞，這說明
來自北朝大臣的牛弘，對於南朝禮制特別是王儉的成見甚深。牛弘對
王儉既有不屑，怎麼還會直接取其說為法？但朞喪沒閏又是古禮一直
以來的原則，牛弘對此既提不出更多的反駁，又拿不出更好的令人信
服的解決辦法，便不得不以「無所象法」一言以蔽之，為此甚至不惜
取消喪禮的儀節，所以此事仍是由牛弘對南朝禮的偏見造成的。

　　不過「下詔除朞練之禮」也許只是一時，在今所見《大唐開元禮》
中，「朞練」也即朞服十一月小祥仍然明確地記載在規定之內。《開元
禮》是繼承《貞觀》、《顯慶禮》，與隋禮一脈相傳，所以至少一直以來
作為原則還是存在的。且頗具諷刺意義的是，牛弘雖然處處針對南
朝，但無論是隋令抑或唐令的喪月遇閏條，其實還是在東晉南朝論禮
的基礎上訂立的。觀隋令中已有「三年及朞喪不數閏，大功已下數之。
以閏月亡者，祥及忌日，皆以閏所附之月為正」一條，此條在內容
上，已與前文提到的唐、宋令幾至無別，應當認為是唐、宋令的來源
及前身。當然此條內容似乎還是更傾向於晉王彪之和宋孝武以前禮，
而未專門體現王儉的朞服小祥遇閏不數之說，或者即是後齊令據南朝
前期禮法所定，而被隋朝承襲，但無論如何並未脫離南朝的影響。《開
皇禮》最終還是「悉用東齊儀注以為準，亦微采王儉禮」[44]，而陳寅恪

43　《隋書》卷八《禮儀志》三，第 156 頁；並參吳麗娛：《對〈貞觀禮〉淵源問題的再
　　分析──以貞觀凶禮和〈國恤〉為中心》，《中國史研究》2010 年第 2 期，第 113-139
　　頁。

44　《隋書》卷六、卷八《禮儀志》一、三，第 107、156頁。

先生指出牛弘「數典忘祖」也可謂一針見血[45]。

　　總之，祥忌遇閏是中古儒家禮中一個爭論極大的問題，它不僅涉及對古禮的解釋和喪事遇特殊情況的實際處理，也體現了東晉南朝在定禮、改禮問題上的活躍。討論的關鍵仍在於如何理解古禮的原則以建立當時禮規，在這一問題上南朝禮制的確是在古禮的基礎上有所發明，有所創造。隋大臣取消「朞練」，反映了南北朝禮制中的一些不同和矛盾，而隋朝統一之初當事者對於南朝禮取保留態度，也造成了隋及唐初禮制本身對北朝特色的堅持。但這一過程是暫時的，隨著時代的發展，統治者必將以更加開放的心態對待南北差異，國家禮制更多地接受、吸收南朝禮的變革，甚至在儒家禮之外不斷地吸收外來因素乃是不可避免之事。

（三）儒家的喪禮變除與齋祭並行

　　祥忌遇閏問題在東晉南朝的爭論證明了一個問題，即東晉南朝皇帝和皇家喪禮雖然多行既葬公除（即葬畢除服，北齊改按漢制行以日易月）服的權制，但是三年喪或者一年喪作為「心喪」原則上還要履行，而且小祥、大祥的變服儀式還要舉行。大臣對這一問題的討論，都是由皇帝本人或者皇室成員的喪禮引起的，其中對於具體時日的確定，尤其證明了這一點。

　　進入唐代以後，我們已經見不到朝議在祥忌遇閏問題上還有爭論，這一方面或是由於前人已基本有所定論可供借鑑，而唐朝經隋朝過渡也已經逐漸放棄了南北之狹見，唐令關於喪際遇閏的規定以及其

45　陳寅恪：《隋唐制度淵源略論稿・禮儀》，中華書局 1963 年版，第 14 頁。

他不少禮條都已經證明是吸收了南朝成果的。但另一方面也即更重要的是與筆者曾經討論過的皇家喪禮制度有關[46]，即唐朝帝、后、太子等的喪禮主要按以日易月的權制實行，三年喪是皇帝家禮的內容，故真正的一年小祥、三年大祥已不再於朝廷舉行公祭和變服儀式，這樣祥日的活動對於公務似乎影響不大，其引起注目的重要程度已經下降。另外唐宋禮儀實用化趨向明顯，自從《開元禮》用「折中」之法制定後，禮家和大臣對儒家禮的一些理論原則已很少堅持，人們的興趣已經轉移，總之祥忌遇閏也已經不再得到關注了。

　　祥忌的舉辦時間包括祥忌遇閏的處理雖然不成為問題，但可以發現的一個新的趨向卻是，祥忌舉辦的形式卻愈來愈與佛、道教的儀式接軌。這一點在宋代帝、后喪禮最為明顯。因為宋朝在實行權制的同時又恢復了三年喪的小祥、大祥，而每到祥、禫和忌日，都要設齋行香，其儀式百官也要參加。

　　敦煌的喪禮民俗自然更是如此。如譚蟬雪所示，「中祥」一詞也是與佛教活動連繫在一起的。例如 P.2757v 有一位僧人「奉為歿故姨師中祥追薦」文，P.3129《諸雜齋文》題為「京右街副僧錄內殿三教首座光道大師賜紫仁貴撰」，第十五篇是《西隱三藏為先師中祥文》[47]。還有譚書已經出示的 S.6178 文，為便於說明仍照抄如下：

　　……僧正、索法師、開（開元寺）大閣法律、陰法律、大周僧正……貳人，蓮臺（蓮臺寺）李僧正、法律拾人，顯（顯德寺）翟僧正、法律七人、漢大師二人。右今月十八日，就宅奉為男太子中祥追

46　吳麗娛：《試論唐宋皇帝的兩重喪制與佛道典禮》，《文史》2010 年第 2 輯，總 91 輯，第 203-235 頁。

47　《法藏》（18），2001 年，第 110 頁；《法藏》（21），2002 年，第 357 頁。

念，伏乞慈悲，依時早赴，謹疏。〔並〕巾缽。

太平興國四年（979）七月　日皇太子廣濟大師謹疏[48]

這件書疏是約會僧人舉行齋會的通知，追念的對象是廣濟大師之子「太子」。所以不管是僧人俗人，大都是去世後的齋會有「中祥」之名。

與「中祥」有關，存世文獻中也見到一些實例，如王維《西方變畫贊並序》：

西方淨土變者。左常侍攝御史中丞崔公夫人李氏奉為亡考故某官中祥之所作也。[49]

又如杜光庭《慰中祥大祥禫制表》：

臣某頓首頓首言：日月不居，大行皇帝奄及期祥。伏惟皇帝陛下攀號痛慕，聖情難居。上為宗祧，下徇億兆，俯全大禮，永福華夷。臣衰疾所縈，身不獲隨例起居奉慰，無任殞越屏營之至，謹奉表陳慰以聞。[50]

48　《英藏》（10），四川人民出版社 1994 年版，第 150 頁。參見《敦煌民俗——絲路明珠傳風情》，第 371-372 頁。

49　（清）趙殿成：《王右丞集箋注》卷二〇《西方變畫贊並序》，第 258 頁。

50　（五代）杜光庭：《廣成集》卷三，《景印文淵閣四庫全書》1084 冊，上海古籍出版社 1987 年版，第 604 頁。

　　兩文都提到中祥。前文為開天文臣、居士王維所作畫贊序文，既言淨土變，則也是與佛教供奉有關；後文為五代前蜀道士杜光庭所作慰表，性質雖似不同，但也是出自宗教人士。蜀地道教興盛，杜光庭之所以上慰表，顯然也是因為中祥、大祥朝廷有道教齋薦活動。另外，宋代也有《明德皇后中祥道場疏》[51]，僅憑名字，也可以知道是齋薦所用。

　　當然與中祥意義相同的小祥，文獻更常見而反映宗教活動更多，且不僅小祥，大祥也是同樣。這樣就要提出一個問題，即祥日祭奠既然證明是儒家喪制的內容，那麼為何在敦煌和存世史料中卻常常和宗教活動連繫在一起？

　　這一點似乎不難解釋。因為首先，在儒家喪禮程序中混雜宗教活動，其實早已是一個普遍的現象。這裡不妨仍以書儀來説明。敦煌S.1725敍述喪禮是以孝子服父母之喪為中心，而以儒家程序為綱的。其敍述從初終開始，包括沐浴、小斂、大斂、殯禮，殯禮後居廬，九十日內朝夕悲哭、十二（三）月小祥服練改居堊室，改為月朔、望、晦則哭。以及大斂成殯之後「朝夕奠常食，日夜相繼」的情況。P.2622張敖書儀雖然由於開頭闕失已經看不到前面的內容，但是殘存部分從確定墓地開始，到送葬、入葬，包括了喪禮相關葬事的部分。

　　儒家葬禮進行的同時，僧道活動也摻雜其間。以宋代皇帝喪事而言，喪禮的齋薦不僅小祥、大祥有之，喪禮開始階段的「齋七」或百日也有之，敦煌的喪事也是如此，這一點譚女史的論著中已有深入論述。七七齋是初喪四十九日中逢七必有的齋會，南北朝時已有之，

51　（宋）魏齊賢、葉棻同輯：《五百家播芳大全文粹》卷七七，上海古籍出版社，《景印文淵閣四庫全書》1353冊，第381頁。

唐、五代無論帝王、臣民相沿行之。至晚唐五代敦煌本《佛説十王經》，最具代表性。《十王經》宣傳地獄觀念，勸眾生七七修齋造像以報父母恩，令得升天。據説人死後從頭七、二七直至七七，百日、一年、三年，亡魂將逐一經過十王殿，亡人家屬須祈請十王作齋修福，寫經造像，便可被除亡魂罪業。七七齋、百日齋乃至小祥、大祥以及忌日等為亡人設齋追福無論在朝廷還是民間、在內地還是敦煌都已十分普遍。譚蟬雪指出《十王經》有不少道教神祇名稱，因而本就是三教合一的產物[52]；湛如也認為七七齋會吸收道教及儒教的相關禮儀，構成了以釋為主、三教相激的喪葬禮俗[53]。

敦煌本《十王經》無疑是一部出自中國本土的偽經，此經為學者所研究多矣。《十王經》所見的十齋並不是經寫成時才有的，而是長期形成的。其所謂喪有一年、三年者也完全是按中國人的習慣編制的。因此中土帝王和臣民百姓所行的小祥或大祥齋會也基本按照儒家喪禮的步驟進行，這樣儒家形式的祭禮與佛教道教的宗教內容即已經被混同了。當然這之中也有儒家的祭禮轉而吸收佛教的問題，如 P.3637 杜友晉《新定書儀鏡》有「七日大斂祭」。P.3691《新集書儀》有「諸追七弔」詞曰「日月遄遷，奄經某七」[54]。按照儒家禮的規定，大斂應當在三日之內，而弔禮也在舉辦喪事的同時舉行。書儀作七日，恰恰與七七齋的頭七相合，「某七」當然更是七七內的時日，兩者看來是統一了。

又儒家禮的卒哭是表示不再晝夜哭泣。《開元禮》卷一四〇在「虞

52　譚蟬雪：《三教融合的敦煌喪俗》，第74頁。

53　湛如：《敦煌佛教喪葬律儀研究——以晚唐五代的七七齋會為中心》，載《戒幢佛學》第 2 卷，嶽麓書社 2002 年版，第 120-129 頁，説見第 129 頁。

54　《法藏》（26），2002 年，第 183、323 頁。

祭」一目中說明，在葬後家人返還行每隔一日的「三虞」禮之後：「又閒（間）日為卒哭祭。」卒哭在葬後緊接虞祭，而由於一般官民的葬禮不超過三個月，所以唐前期書儀的說法尚是九十日。S.1725 書儀說孝子「九十日內，日夜不脫絰帶，悲來則哭，晝夜無時。孝子常居廬中，不宿于房室。九十日既，廬前屏眉，宿有常，臥其中，中有祝絰（？），朝夕哭而已」[55]。也就是說九十日時，要將晝夜哭改為朝夕哭，表示悲哀漸輕，這個九十日就是卒哭，完全是儒家禮。但從唐後期的張敖書儀看，九十日往往被百日代替。如稱「孝子百日之後可漸得食鹽醋」，「孝子百日哭無時節，哭了唯得讀經」[56]。九十日何以改為百日？P.3691《新集書儀》「百日弔」稱：「迅速不停，奄經卒哭。」[57]佛教定百日最初或者是因為它接近卒哭，但後來表現出的卻是儒家的卒哭已合於百日。

因此雖然在時間上略有調整，但儒家禮儀與宗教活動仍基本上同步進行。葬事也是如此。我們在宋朝真宗皇帝的葬禮前就看到這樣的情景：即仁宗先使禮院草儀迎奉真宗生前奉道的「天書」一道埋葬，定於真宗「靈駕發引前一日，奉迎赴文德殿奉安，量設細仗並道門威儀迎引。帝詣長春殿奉辭，至夜量設道場」。結果仁宗其日「自內中奉導天書至長春殿權駐，上香，再拜奉辭訖。還內，輔臣于殿下迎拜，前導赴文德殿奉安。是夕，帝詣延慶殿親行祭奠之禮，舉哭再拜，親王已下赴班」[58]。則先上香後祭奠，夜間再設道場，有奠有齋，宗教儀式與儒家禮先後在不同地點進行。

55　《英藏》（3），1990 年，第 127 頁。

56　《法藏》（16），2001 年，第 315 頁。

57　《法藏》（26），第 323 頁。

58　《宋會要輯稿·禮》二九之二九、三〇，中華書局 1957 年版，第 1078 頁。

　　但下民百姓不一定如此講究，兩種儀式常常同時同地。張敖書儀關於入葬，先説到當墓前鋪設已了，「孝子居柩東，北首而哭臨設祭，祭文在後卷中」。這個祭文就是上面説的「到墓所祭文」，此後便是葬前的「臨壙祭文」和葬後的「掩壙祭文」。但是書儀在説到「三獻訖，孝子再拜號踴，撫棺號殞，內外俱哭」之後，又有「則令僧道四部眾十念訖，升柩人壙」[59]，説明設齋唸經的活動是與入葬和儒家的祭奠同時。可以支持這一點的是敦煌所見臨壙齋文的大量出現，如 S.5573 説：「于是龍儒（輴）軒駕，送靈識于荒塵；素蓋緋紅，列凶儀于互道……遂能卜善地以安墳，選吉祥而置墓。于是降延諸眾，就此荒効（郊），奉為亡靈臨曠（壙）追福。」並祝願亡靈往西方淨土，來生還能與孝子「作涅槃善因」[60]。

　　齋文不僅臨壙有之，而且伴隨七七、百日、小祥、大祥的齋會均有之。敦煌最多見的是所謂「追七」，一些稱為「亡文」的樣文中就常常見到「奉為亡考厶七追念之福也」、「奉為亡妣某七功德之嘉會也」、「奉為亡師某七功德之所崇也」、「奉為兄弟某七追念之嘉會也」等等，但也有如 S.2717「時則有座前持香齋主，哀子押衙奉為故尊父軍使百辰追念會也」，S.5637「厥今坐前齋主捧爐啟願所申意者，奉為考妣大祥追福諸嘉會也」[61]。此外又有同時的寫經、造像、施捨等活動。可以知道的是，這類齋文和齋薦活動也都是隨著喪禮的進行而與儒家的祭祀同時的。

59　P.2622，《法藏》（16），第 315 頁、

60　《英藏》（8），1992 年，第 60-61 頁。錄文參見黃征、吳偉編校：《敦煌願文集》，嶽麓書社 1995 年版，第 794 頁。

61　譚蟬雪前揭文，並參見黨燕妮：《晚唐五代敦煌的十王信仰》，載鄭炳林主編《敦煌歸義軍史專題研究三編》，甘肅文化出版社 2005 年版，第 233-270 頁。

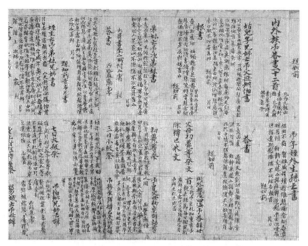

▲ 圖 14　P.3637 顯示的各類弔祭

　　這類齋會、齋文似乎會給人以民眾喪禮活動中宗教影響更多、更重於儒家祭祀的印象。但大量事實證明儒家祭祀也並不可少。儒家喪禮程序從小斂開始，就是輔之以祭祀和奠筵儀式的。《開元禮》有小斂前後奠、大斂前後奠、（朔望）殷奠、準備啟程的啟奠（及親賓致奠），送行日的祖奠、遣奠、行次奠，入葬之際到墓、掩壙的奠事，以及返還後的虞祭。另外又有卒哭祭、小祥祭、大祥祭、禫祭和祔廟祭，可見未入葬稱奠，入葬稱祭，實則籠統都可稱為祭祀。所以開、天之際的 P.3637 杜友晉《新定書儀鏡》的喪禮祭文，有「父母初薨尊祭文、除禫以來文」，包括三日小斂祭、七日大斂祭、堂上啟柩將葬祭、輀車出祭、下棺祭、迎神祭、春祭、夏祭、秋祭、冬祭、祥祭、遷葬祭、除服祭。此外又有父祭子、夫祭婦、婦祭夫和祭兄、祭姊、祭男冥婚、祭女冥婚等等。P.2622 張敖書儀也有父母初終祭文、大小斂祭文、啟柩祭文、到墓所祭文、臨壙祭文、掩壙祭文、葬畢迎神祭文、大小祥祭文、葬行至橋梁津濟祭文、夫祭妻文、妻祭夫文，弟祭兄文、兄

祭弟文、父祭子文等[62]。祭祀可稱是貫穿了喪禮的全過程。

　　敦煌祭文與存世文獻所見類同，大都用「惟（或維）歲次××（干支）某月月某日朔某日，某某以清酌庶羞（或茶酒、單酌、香藥一類）之奠，致祭（或敬祭）於某某（親朋之稱或名）之靈」的寫法，形式傳統，文字也比較簡單，但表明是為死者設了奠筵並有祭祀。且祭文雖為儒家性質，在敦煌實用數量和層面之廣卻很可觀，使用者不僅限於俗世百姓，也包括寺院僧尼。根據趙大瑩的統計，敦煌僧尼祭文至少有十篇，僧（尼）俗互祭文有十四篇，前者多讚揚僧尼的修行和功德，後者由於致祭者與亡人多有親屬或師友關係，常常述及親族關係及骨肉親情、師友感情，説明出家人與親族和世俗民眾仍有密切連繫[63]。如 S.381v《僧威信等祭嬸文》、《僧惠繹等祭表姊十二娘文》、《僧常惠等祭姊文》、P.2342《僧洪政等祭亡考文》、P.3213v《祭外生（甥）尼勝妙律師文》、北 7224「□弟彌留德偉、文文等」的《祭故師兄文》、北 7133 兄什郎祭故闍梨的《祭奠文》都屬於僧俗互祭；而 P.3214《祭安寺主文》、S.5926《惠澄等祭鴻恩律師文》、P.2342《僧海晏等祭故上座燈闍梨文》、P.2595《尼聖賢等祭文》和 P.2614《僧法藏祭師姑文》等卻都是用於僧尼之間，有一些還是僧人集體的祭祀，尤説明祭文形式也被大量地普及寺院和僧人，在使用上與僧家的齋會似乎也沒有任何衝突。因此，無論是僧俗的喪禮竟然都是有祭有齋，齋祭並行的。

　　另外在祭文的寫法上，給僧人與俗人的也無不同，只是在祭品方面常用「茶藥」或「香茶乳藥」代酒，顯示僧人用品多少有些限制。這種僧俗的一致性還反映在弔書之中。P.2622 張敖書儀在《俗人弔僧道

62　參見《法藏》（26），第 183-185 頁；《法藏》（16），第 318-319 頁。

63　趙大瑩：《敦煌祭文及相關問題研究——以 P.3214 和 P.4043 兩件文書為中心》，載《敦煌吐魯番研究》第 11 卷，上海古籍出版社 2008 年版，第297-334 頁。

遭師主喪疏》和《僧道答疏》後説明：「右僧道弔答言語及封題，一依俗人同，唯不稱頓首再拜等語。」[64]檢兩疏，發現除了俗人自稱「弟子厶和南」及將和尚死亡稱為「遷化」（道士稱「仙化」）外，很多寫法和用語與俗人弔答書類似。如《僧道答疏》以和尚弟子的口氣，竟用了類於覆書書式的兩嘆「不孝罪逆，酷罰罪逆」，與世俗父母喪事的用語幾乎完全相同。

僧俗共享相同的弔祭文形式，不僅是文字上的習慣，也説明在僧俗交往禮儀和某些觀念（如孝道）問題上已經相互影響和取得共識。而齋祭同時甚至齋祭合一則成為皇帝官員乃至一般百姓喪禮常見的形式。這一點對小祥、大祥也不例外。張敖書儀説小祥變服和號哭盡哀、「主撰設祭」之外又「令子弟勾當設齋」。且不但帝后的國忌日廢務行香早就為朝廷令式所規定，同樣書儀在官民的私忌日也有「靜念讀經，思惟慘愴，令子弟勾當設齋」和「燒錢財訖，兄弟子侄于中門外聚泣」的説法，燒錢財即常説的燒紙錢唐社會已很多見，也是與佛教的地獄觀念有關的。又關於小祥、大祥的時間，由於十三月小祥代表週年，二十五月大祥是再週已過，實際上也代表三年，所以佛教的一年齋在時間上就是儒家的小祥或曰中祥十三個月，三年齋就是儒家的大祥二十五個月。《十王經》僅有「一年」、「三年」之説而無二年，顯然也是附從儒家的喪禮程序和祭禮。「三年」不過是按約數而言，也是服從儒禮的説法。這一點筆者曾討論的唐宋皇帝喪制也可以證明。宋代皇帝舉行三年祥禫齋會的時間都是按儒家規定的二十五月、二十七月，並沒有另外的三年或者大祥，這也説明朝廷或者中原禮儀是以儒家禮儀為框架的，無論皇帝是信道、信佛，儒禮的綱常總不能超越。

64　《法藏》（16），第318頁，下同，並見316頁。

　　當然就敦煌的情況來看，確實有一些特殊性，或者說受佛教影響更重。譚蟬雪已指出，敦煌當地葬俗，必須在七天之內出殯，正是為了不錯過七七齋中的「頭七」[65]。據譚文結合 P.3833 曹元忠開運四年（947）三月九日為曹元深大祥所作疏，和對 P.2032v《甲辰歲（944）一月已後淨土寺直歲會安手下諸色入破曆計會稿》關於「故太傅」用面帳目的考證，可知歸義軍節度使曹元深死於 944 年，其大祥是三年[66]。敦煌上層人物的喪禮是敦煌社會民俗的代表，兼之其他文書中也常見喪禮和大祥是三週或三載的說法，所以譚文認為敦煌（至少曹氏歸義軍時）與中原地區、與傳統的儒家喪禮有所不同。

　　那麼文書中所見之「中祥」，是不是因此就可以認為是敦煌人士根據佛教行三年喪制而另行創造的呢？筆者認為這樣說也是有問題的。因為第一，喪制三年是自古以來的概說、成說，即使曹元深的喪禮確為真正的三年，也還不能證明其他敦煌文書中三載、三週的說法就一定是指三十六個月。第二，即使敦煌果然行三年三十六個月喪制，也很難認為完全是出自佛教。因為喪禮二週年齋祭的說法不但與儒家的祥祭不合，也不見於《十王經》等佛教文獻的規定，至少與中土佛教很不一致。第三，如上所述張敖書儀的中祥已不能作為喪事二年的證據，其他文書中也尚未見到中祥與小祥同時出現的情況，由此無法認定中祥獨立於小祥之外，也沒有對其具體舉行時間的考察和確證，所以無論說中祥在敦煌是「自纂」還是出自佛教喪禮二年齋的看法，顯然都是證據不足。但譚女史判斷敦煌喪禮「冠儒禮之名，而行釋教之實」無疑是正確的。筆者更傾向於認為，敦煌文獻中的中祥一詞本就

65　參見譚蟬雪：《敦煌民俗——絲路明珠傳風情》，第五篇第四章第三節《出喪》，甘肅教育出版社 2006 年版，第 344-345 頁。

66　譚蟬雪：《曹元德曹元深卒年考》，《敦煌研究》1988 年第 1 期，第 52-57 頁。

源自儒家禮儀。

　　無論如何，既然宗教儀式都是附從於儒家祭禮和變除之節，所以敦煌和存世文獻常常見到的大小（中）祥或忌日與宗教活動連繫在一起也就不奇怪了。以往關於葬禮儀式多認為是受宗教的影響，甚至可能還會認為宗教活動和齋薦的舉行取代了原來儒家葬禮形式，但是書儀所提供的喪禮齋祭結合的特徵卻提供了另一種思維。從書儀可以知道，所有宗教活動都是與儒家的禮儀程序一道進行的，包括歸義軍的三年喪也同樣被稱為大祥，總的來看宗教活動只是摻雜其間而並沒有妨礙儒家喪禮的大節。這一點，從敦煌本《十王經》的喪齋名稱服從儒家喪禮程序產生也可以說明。所以，如從這方面看，喪禮又不能稱是完全以儒家為名而行釋教之實。雖然，大斂的三日可以改為七日，而卒哭的三月可以併為百日，但基本程序與總體精神並沒有改變。敦煌文書中的大量祭文尤其可以證明儒家禮儀早已深入人心，而且是作為基本理念和綱常存在的，也就是說，儒家禮儀規定、約束了喪禮的程序，而作為對死者靈魂進行慰勉、表達生人哀婉之意的祭文也是始終在製作和行用中的。

　　因此總的來看我們可以得出這樣的印象，即中古前期與中古後期在喪禮的表現形式是不一樣的。兩漢魏晉南北朝，喪禮基本上可以認為是以儒家禮儀的落實為中心，無論討論的最終結果是什麼，大致仍以古禮和經書為依據。不過在這個漫長的歷史時期，社會逐漸脫離古代的氏族宗法制度，禮也有愈來愈脫離社會之嫌。而門閥制度下統治者所關心的，是如何使古禮更適應社會的變化，建立一套嚴格的現實制度法規以約束人們的行為，所以每一細微的環節都得到重視，都經過原則性的爭辯。而從凶禮制度來看，就既有以古禮為綱，也有一些遇到新問題的創造，小祥（或曰中祥）緝緌以及祥忌遇閏的討論都體

現了這一特色。

　　但是唐宋社會已經發生了極大的變化，就喪禮而言，人們不再關心如何準確理解儒家的信條亦步亦趨，也對古禮的正誤不感興趣。《開元禮》的「改撰」和「折中」原則已說明，古禮或者一直以來的禮規似乎已經是固定的教條，皇權主宰一切，為了皇帝的意願和達到實用的目的不僅可以不在意對其原則的背離而修改具體禮條，而且也可以將完全矛盾的觀點理念捏合或雜糅到一起。與此同時，官僚化和平民化的社會更加注重現實，整個社會理念愈來愈向世俗傾斜，在思想信仰上也越來越表現得開放。就喪禮而言，佛教關於輪迴和往生的觀念或許更能迎合人們關於死亡的想像和對不可知世界的期待。在這方面，對舊有理論持極度堅持態度的思想家幾乎是鳳毛麟角。與之相反，愈來愈突出的是佛教道教的宗教儀式占據喪禮的多個場合，通過具體儀式不斷向中國民眾的精神世界進行滲透。儒家禮儀與宗教意念自自然然地同存並立，甚至是你中有我、我中有你，兩者的融合成為時代的強音和大觀，而一直以來的儒家理論和程序更像是一種遺存的概念和綱常。

　　儘管如此，在佛教向中土傳入的過程中，基本上仍可以認為是宗教儀式和活動因配合儒家禮儀生發，而不是儒家禮儀因配合宗教生發。佛教就是通過與儒家禮儀的結合、協調而立足中土的，這就是人們常說的佛教中國化的過程。毋庸說，佛教觀念不但充斥中土，也試圖改變中國民眾的人生觀和具體作為，甚至佛教建立的死後世界也在極大地豐富和影響著民眾的精神生活。儘管如此，佛教中國化仍然不能認為是中國佛教化，七七和百日、祥忌齋會等如果從宗教的角度出發確實可以說是以佛教為主，然則站在中國文化本位的高度而言，佛教道教的齋會和其他種種活動仍然只能是對儒家禮儀的一種輔助和配

合。其實無論怎樣變化，一切古老的、傳統的禮儀總體精神上仍然一以貫之，頑固地留存在人們的習慣意識之中，即使是禮俗結合的吉凶書儀，也從來沒有將佛教道教性質的內容當作主體和根本，而只是作為具體的配合與點綴，在整個書儀的結構中占有很少的分量。三教合一從根本上說是儒家為體、佛道為用，這應當是從皇帝喪禮到民眾喪禮的一個基本概觀，也是中古王朝對民眾進行禮儀教化的原則。因此從喪禮程序而言，祥忌依時而行的體統秩序確立於前，儒家禮制與佛道結合的齋祭兩存形式表現於後，中古喪禮的基本脈絡或者也就得到了最清楚的展現。

一三　正禮與時俗

——論民間書儀與唐朝禮制的同期互動*

　　書儀是向大眾普及的禮書範本，以往研究者對敦煌所見吉凶書儀中的禮儀來源作過探索，指出它受大族家禮家儀以及特別是南朝習俗影響的成分[1]，同時也對書儀中出現的朝廷禮製作過一些分析。例如，周一良先生就曾將敦煌書儀中所見禮儀與《開元禮》相對照而説明其來源[2]。但是，書儀的製作是有時代性的，與朝廷正禮的影響也是交互的。筆者發現，唐前、中、後期的書儀分別與同時期的朝廷禮制有著相互呼應的關係，書儀不僅在內容方面自然地吸收朝廷正禮而受其制約，其運用也在唐朝正禮中留下了證明。兩者的交叉，正是我們瞭解國家正禮與社會民俗之間相互溝通的媒介。

---

*　　本文原載於《敦煌吐魯番研究》第 9 卷，2006 年，第 169-185 頁。

1　　史睿：《敦煌吉凶書儀與東晉南朝禮俗》，載《敦煌文獻論集》，遼寧人民出版社 2001 年版，第 394-417 頁。

2　　周一良：《敦煌寫本書儀中所見的唐代婚喪禮俗》，載《唐五代書儀研究》，中國社會科學出版社 1995 年版。

（一）禮、令在書儀中的指導作用

　　由書儀反映朝廷禮制，在早、中、晚唐的不同時期內都有一些內容和範例。這些內容和範例既包括對朝廷正禮（《貞觀禮》、《顯慶禮》、《開元禮》），也包括對已編入法令的律令格式甚至制敕的吸收。例如 S.1725 唐前期書儀關於喪服服制的「禮與令」一欄中，有引用《假寧令》關於喪服給假的規定。P.3637《新定書儀鏡・凶下》於「內族〔服〕圖」下稱：「凡三年服，十二（三）月小祥，廿五月大祥，廿七月禫，廿八月平裳。凡週年服十三月除，大功九月除，小功五月除，緦麻三月除。」於「律五服」下稱：「《喪葬令》稱三年廿七月，匿，徒二（三？）年；稱周十三月服，匿，徒一年。稱大功九月服，匿，杖九十。稱小功五月服，匿，杖七十。稱緦麻三月服，匿，笞五十。」[3]前者規定見於《開元禮》卷一三二《凶禮・五服制度》，根據下文也應是《喪葬令》的內容。後者則是《職制律》「諸聞父母若夫之喪，匿不舉哀」條的內容[4]。又如 S.6537v 鄭餘慶《大唐新定吉凶書儀》有《公移（私）平闕式第三》、《祠部新式第四》、《諸色箋表第五》等儀目，更是將大量的式文收入在內。而大中時期的張敖《新集吉凶書儀》中關於不同品級官吏墳高的記載，也被論者證明是與開元末的制敕相符[5]。

3　《英藏》（3），四川人民出版社 1990 年版，第 126-127 頁；《法藏》（26）上海古籍出版社 2002 年版，第 182 頁。本文所用書儀錄文，參見趙和平：《敦煌寫本書儀研究》，新文豐出版公司 1993 年版。

4　見劉俊文點校：《唐律疏議》卷一〇《職制律》，中華書局 1983 年版，第 204-205 頁。按此為律及疏議的簡文，原文較詳，不具引。

5　《英藏》（11），1994 年，第 99 頁，下引 S.1725《禮及令》同。陳戌國：《中國禮制史・隋唐五代卷》第二章第七節《李唐喪葬禮儀（二）》，湖南教育出版社 1998 年版，第 154 頁；並參見《唐會要》卷三八《葬》開元二十九年正月十五日敕，上海古籍出版社 1991 年版，第 811 頁。

　　以上情況為研究者熟知，證明朝廷禮制對書儀有直接的影響及指導作用。但是問題在於，書儀特定的時代性，不僅限制了它所吸收的內容，而且也決定了這些內容與當時的禮制有同步性，因此對這些禮制的時間、內容不應予以簡單的看待。以往由於對朝廷禮制的來源發展弄不清楚，所以常常會忽略它們之間的關係。例如，S.1725 的「禮與令」一欄引用關於令文的相關規定，在「繼母改嫁、父為長子、祖父母、父所生庶母、伯叔、兄弟、眾子、姪兒、姪女、嫡孫」乃至繼父同居等服下，註明：「右准令齊衰朞給假卅日（葬五日，除服三日）。」在「高祖、曾祖父母，女在室及嫁為高祖、曾祖父母，繼母不同居」等之下，有「右准令齊衰三月、五月，大功九月，並給假廿日，葬三日，除服二日」；在「男女下殤、叔下殤」以及「親姨親舅」等之下有「右依令小功五月，給假十五日，葬二日，除服一日」；在「庶孫丈夫婦人下殤、再從兄弟長殤」和「外生（甥）」、「舅、舅之子」等條下，也有「右准令，總麻三月，給假七日（出降服，給三日）」的規定。

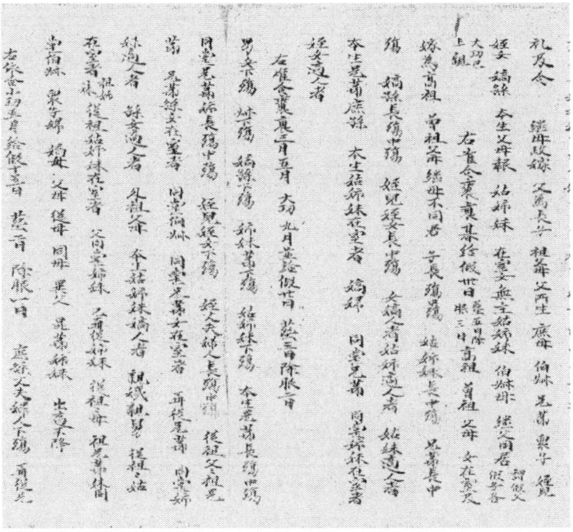

▲ 圖 15　S.1725 書儀的「禮及令」

　　這裡「右准令」中的令對照《唐六典》卷二吏部郎中員外郎之職條下「內外官吏則有假寧之節」的內容可以知道是《假寧令》無疑[6]。但是，這個令以及書儀中的禮究竟是什麼時間的呢？由於貞觀十四年（640），唐太宗令魏徵等改禮，曾祖父齊衰三月加為五月，嫡子婦、眾子婦分別從大功、小功增為朞服和大功，舅服三月改為與姨同在小功五月，嫂叔服也從無服改為小功五月報。此後，長孫無忌定《顯慶禮》，請加甥服也為小功五月[7]。書儀舅服在小功五月、三月兩存之，舅服五月和曾祖齊衰五月等都是貞觀改革服制以後的內容，說明書儀的製作應在貞觀十四年（640）後。姜伯勤先生根據令注在禮後，認為表現了《顯慶禮》「其文雜以式令」的特點[8]。但筆者則根據書儀的「外生（甥）」或者「舅之子」都在緦麻三月而非小功五月，嫡子婦、眾子婦各在大功九月、小功五月而不是周（朞）和大功，認為並不能體現《顯慶禮》的特點，而書儀既不是完全的貞觀十四年（640）禮，也不像是《顯慶禮》，所以反映的應該是貞觀十四年（640）改禮後禮制不甚確定的情況，並提出書儀的年代定在貞觀後期或者高宗朝更穩妥一些[9]。現在看來，筆者的提法有一些問題，因貞觀後期不曾定令，而永徽二年（651）閏九月始上新刪定律令格式[10]，反映貞觀十四年改禮「齊衰五月」內容的令文應當是在此之後，說書儀的年代在貞觀後期是不對

6　陳仲夫點校：《唐六典》卷二《吏部》，中華書局 1992 年版，第 35 頁。

7　《唐會要》卷三七《服紀》上，第 785-787 頁。

8　姜伯勤：《唐禮與敦煌發現的書儀》，載《敦煌藝術宗教與禮樂文明》，中國社會科學出版社 1996 年版，第 431-435 頁。

9　見《敦煌 S.1725 與 P.4024 寫本書儀的撰成年代與貞觀喪服禮》，載《英國收藏敦煌漢藏文獻研究》，中國社會科學出版社 2000 年版，第 282-294 頁。已收入本書。

10　關於定令時間，見《唐會要》卷三九《定格令》，第 820 頁；《舊唐書》卷五〇《刑法志》也載永徽初敕太尉長孫無忌、司空李勣等「共撰定律令格式」，中華書局 1975 年版，第 2141 頁。

的，其製作時間還應當如姜先生所說是在高宗朝。

　　不過，筆者仍然堅持書儀所反映的禮制仍基本是《貞觀禮》及部分貞觀中改制的內容，這是由於本件文書的吉儀婚禮部分也同樣反映了《貞觀禮》的影響。S.1725 書儀在「問曰：何名六禮」下有「雁第一，羊第二，酒第三，黃白米第四，玄纁第五，束帛第六」的說法，對此說法，研究者都指出是源自東晉南朝禮儀，這一點應當沒有疑問。但值得注意的是下面的文字，不但對於每種禮物的內容和象徵意義都有解釋，而且對於禮物的用版以及特別是納徵版都有所說明。例如書儀針對納徵版「所以用秋（楸）木者何」答曰：「婚姻既合，冀得千秋，是以用秋（楸）木。長尺二者，法十二月；闊五寸者，法五行；厚三分者，法天地人也。」[11] 納徵版有象徵意義。但是為何會有此說法？察《通典・天子納后》於東晉穆帝昇平元年納皇后何氏，王彪之定告廟、六禮版文等下註曰：「凡六禮版，長尺二寸，以應十二月；博四寸，以象四時；厚八分，以象八節。皆實書（下略）。」[12] 與書儀文字不盡相同，可以解釋為皇家婚版與民間畢竟有差。但有趣的是後面這段文字完完全全出現在《開元禮》卷九三的《納后》儀中，並且還有與王彪之所定形式及文字幾乎全同的納采、問名、納吉、納徵、告期、親迎等六禮版文[13]。為什麼六禮版文會出現在《開元禮》中呢？追其根源，則據《唐會要》卷三七《五禮篇目》，在《貞觀禮》比照隋和唐初禮所增加的儀目中就有「納皇后行六禮」一條，說明「行六禮」在納后儀是被強調的。由於唐初所行乃隋禮，隋禮據編撰者牛弘所言乃「悉以東齊儀注」以為準，而據《隋書・禮儀志》和《通典》記載，

11　《英藏》（3），第 129-130 頁。

12　《通典》卷五八《天子納后》，中華書局 1988 年版，第 1638 頁。

13　《大唐開元禮》卷九三，洪氏公善堂本，民族出版社 2000 年版，第 437-441 頁。

隋禮和齊儀的納后儀已有納采等六禮卻沒有六禮版[14]，所以《貞觀禮》「納皇后行六禮」應是以吸收東晉南朝六禮版作為改進內容的，以後才被《顯慶禮》、《開元禮》所承襲。

　　從這一思路出發，我們可以判斷唐早期的書儀吸收東晉南朝的禮制內容雖然主要來自於承襲南朝大族製作的書儀，但其間也不無貞觀禮制的驅動和影響。周一良先生曾經談到書儀中親迎禮的一些內容，如婿父命子親迎及女婿至岳家的禮儀都與《開元禮》的文字相似；事實上包括同牢合卺在內的敘述只是將《開元禮》的內容具體化和世俗化了[15]；姜伯勤先生在前揭文章中也談到《開元禮》吉禮與開元前後書儀所見婚儀的關係[16]。但是由於這些內容多抄撮古禮文字，又由於《開元禮》是折中貞觀、顯慶二禮，所以相信類似內容《貞觀禮》也有之，書儀與《開元禮》的相似，不妨認為是來自《貞觀禮》以及承襲其內容的《顯慶禮》。同樣，上述皇帝與官民的婚禮版雖然尺寸等級不同，且包括親王公主及官員的六禮版在《開元禮》中也已經不見，但是至少 S.1725 書儀之所以重視、吸收納徵版及六禮內容，也可以肯定是受《貞觀禮》某些南朝化傾向的影響。

　　S.1725 書儀在婚禮親迎之前，還有所謂「成禮法」：「先須須（第二「須」字衍）啟祭。兒父祭法，在于中庭，近西置席，安祭盤。祭人執酒盞曰：『敬啟亡考妣之靈，長子小兒甲乙年已成立，某氏不遺，眷成婚媾，擇卜良〔辰〕，禮就朝吉，設祭家庭，眾肴備具，伏願甞

14　牛弘言見《隋書》卷八《禮儀志》三，中華書局 1973 年版，第 156 頁。北齊納后禮見同書卷九《禮儀志》四，第 177 頁；並參《通典》卷五八《天子納后》，第 1639 頁。按關於唐朝納后禮及六禮版問題筆者將另文撰述。

15　《敦煌寫本書儀中所見的唐代婚喪禮俗》，載《唐五代書儀研究》，第286-293頁。

16　姜伯勤：《唐禮與敦煌發現的書儀》，載詳前，第 435-440 頁。

（尚）向（饗）。』卑者再拜。」[17]此「成禮法」乃婚前設祭，實即所謂「告廟」禮在民間的實施。《儀禮・士昏》無告廟，但有行六禮「主人迎賓于廟門外」的記載[18]，《禮記・昏義》也有「昏禮者，將合二姓之好，上以事宗廟，而下以繼後世也。故君子重之，是以昏禮，納采、問名、納吉、納徵、請期，皆主人筵幾于廟，而拜迎于門外。入，揖讓而升，聽命于廟，所以敬慎重正昏禮也」的說明[19]。此也被認為是告廟禮的依據，但此禮並非僅行於女家，杜預註《左傳》已有「禮，逆婦必先告祖廟而後行」的說法[20]。據說東晉納后的告廟禮與六禮版同為王彪之所定[21]，而由於「告廟」是明確女性正妻身分的一個儀式，所以北朝似乎也很重視，告廟與告圓丘（天）、方澤（地）是在北齊皇帝的納后禮「納采、問名、納徵」訖舉行的重大儀式[22]。以北朝禮為基的《貞觀禮》不但保留了這些內容，同時也將告廟禮落實於皇室和官員的婚禮，所以今《開元禮》不但納后冊后，且上至親王公主、下至六品以下官員中都有此儀。舉行時間也是在親迎前，如《公主降嫁》即有：「其日大昕，婿之父、女之父各服其服，告於禰廟（註：以酒脯告之一獻，無廟者告於正寢）。」[23]與書儀的程序完全一致，這在當初的《貞觀禮》恐怕也是如此。只是書儀告於中庭，應當是無家廟的情況。雖

17　《英藏》（3），第130頁。

18　《儀禮註疏》卷四，《十三經註疏》，中華書局1980年版，第962頁。

19　《禮記正義》卷六一，《十三經註疏》，第1680頁。

20　《春秋左傳正義》卷三，《十三經註疏》，第1733頁。按朱熹認為：「《儀禮》雖無娶妻告廟之文，而《左傳》曰『圍布幾筵告于莊共之廟』，是古人亦有告廟之禮。」見《家禮・附錄》，《景印文淵閣四庫全書》142冊，第581頁。

21　《晉書》卷二一《禮》下，中華書局1974年版，第666頁；《宋書》卷一四《禮志》一，中華書局1974年版，第338頁。

22　《隋書》卷九《禮儀志》四，第177頁。

23　《大唐開元禮》卷一一六《公主降嫁・親迎》，第551頁。

　　然，正禮和書儀的來源不能認為是完全一途，但兩者內容程序上的一致，似乎不能認為是偶然。

　　更可以認為書儀與《貞觀禮》相關者，乃是所謂「婦見舅姑」一儀。書儀記此儀如下：

　　至曉，新婦整頓釵花，拜見舅姑。大人翁于北堂南階前東畔鋪席，面向西坐；嫗北堂戶西畔，面向南坐；新婦在中庭正南鋪席，面向北立。中庭近東鋪席（按以下有重複的九字衍文刪），庭置脯及果各一合（盒？）。新婦直北質方行，先將脯合（盒？）〔置？〕大人翁前，再拜訖，互（祇？）跪，獻脯，合（回？）向本處。大人翁尋後答，再拜。新婦又將果合（盒？）質方行，至大家前再拜。互（祇？）跪獻果，回向本處。大家尋後答，再拜。[24]

　　「婦見舅姑」源於《儀禮・士昏》[25]。此禮南朝行之，《梁書》卷三〇《徐摛傳》有「晉宋已來，初婚三日，婦見舅姑，眾賓皆列觀」的說法[26]。北齊納后禮中有婚禮的「又明日」，皇后「以榛栗棗修，見皇太后于朝陽殿」的記載[27]，所以此禮北朝原則上也應行之。不過古禮文辭典雅，細節也有不同，而正如婿父命子親迎及女婿至岳家之禮一樣，書儀「婦見舅姑」文字顯然與《開元禮》更為接近。以下是《開元禮》六品以下婚同項內容（內註文略）：

24　見 S.1725，《英藏》（3），第 131 頁。

25　《儀禮註疏》卷五，第 967-968 頁。

26　《梁書》卷三〇《徐摛傳》，中華書局 1973 年版，第 447 頁。

27　《隋書》卷九《禮儀志》四，第 178 頁。

質明，贊者見婦于舅姑，立于寢門外。贊者布舅席于東序，西向；布姑席于房戶外之西，南向。舅姑俱即席坐。婦執笲、棗、栗，自門外入升，自西階東面再拜，進，跪奠于舅席前，舅撫之。贊者進，徹以東，婦退，復東面位，又再拜，降自西階。（自從者手中）受笲、腶、修，升進，北面再拜，進，跪奠于姑席前，姑舉之，內，贊者受以東，婦退，復北面位，又再拜（下略）[28]。

兩者相比，位序基本一致，只是獻物內容與書儀的「脯及果」略不一樣，所以書儀仍然是正禮的通俗化。當然《開元禮》的此項儀注亦非自創，所知是「婦見舅姑」一儀貞觀中曾因嫁公主而被強調。《唐會要》卷六《雜錄》記此事曰：

（貞觀）十一年，侍中王珪子敬直，尚南平公主。禮有婦見舅姑之儀，近代以來，公主出降，此禮皆廢。珪曰：「今主上欽明，動循法制。吾受公主謁見，豈為身榮，所以成國家之美耳。」遂與其妻就位而坐，令公主親執笲，行盥饋之道，禮成而退，物議韙之。是後公主下降，有舅姑者皆備〔婦〕禮，自珪始也。[29]

貞觀十一年（637）正是《貞觀禮》將成之時，所以此禮肯定是在當年即被收入。今見《開元禮》卷一一六《公主降嫁》有「見舅姑」與「盥饋舅姑」二儀，無疑是《貞觀禮》的延續和遺存。而由此延推，諸如三品以上至六品以下婚禮也都有「見舅姑」與「盥饋」，但同樣應

28　《大唐開元禮》卷一二五《六品以下婚》，第598頁。
29　《唐會要》卷六《雜錄》，第77-78頁。

該是直接吸收《貞觀禮》。唐初書儀之所以詳述婦見舅姑的過程，恐怕也是因《貞觀禮》重視此儀。至少從以上婚禮程序，我們可以證明民間書儀與唐朝正禮在大方向上是完全一致的。

但是禮制的規定後來並沒有得到認真執行，由於公主地位尊貴，所謂「姻族闕齒胄之儀，舅姑有拜下之禮」成為司空見慣之舉[30]，儘管《開元禮》亦明錄此儀，但是直到唐後期仍然存在著「皇姬下嫁，舅姑返拜而婦不答」的「舊例」[31]，所以德宗朝整頓禮儀之際此儀再被提出。史載建中元年（780）十一月敕令禮儀使顏真卿與博士及宗正卿李琬、漢中王瑀、光祿卿李涵「約古今舊儀，及《開元禮》，詳定公主郡主縣主出降覲見之儀」，於是禮儀使顏真卿等奏「郡、縣主見舅姑，請于禮會院過事。明日早，舅坐于堂東階上，西向，姑南向，婦執笲，盛以棗栗」，跪奠於姑舅席前，行再拜之禮[32]，這既是為約束公主，也是為正時俗。論者多以為此即復《開元禮》之舉，但追究其源，殊不知其儀《貞觀禮》早已收錄在案，實非《開元禮》所特有也。

（二）唐前期書儀中吉凶箋表和喪服圖的示範

書儀反映朝廷禮制，一個重要方面是常用公文形式，其中官員上於皇帝的表狀是「凡下之所以達上」公文中的最高等級。P.3900 唐早期

30　《唐大詔令集》卷四二《公主出降‧公主王妃不許舅姑父母答拜詔》，商務印書館1959年版，第202頁。

31　《舊唐書》卷一五〇《德宗順宗諸子傳》，第4047頁；《唐會要》卷六《雜錄》建中元年條，第70頁。

32　《唐會要》卷八三《嫁娶》，第1812-1813頁；並參《冊府元龜》卷五八九《掌禮部‧奏議》一七，中華書局第7045頁。關於公主見舅姑禮儀的討論，並參張葳：《唐代公主出降行拜舅姑禮初探》，載《江漢論壇》2005年第9期。

書儀、P.3442 敦煌杜有晉《吉凶書儀》以及 S.6537v 鄭餘慶《大唐新定吉凶書儀》中都有朝廷所用吉凶箋表。其中 P.3900 唐早期書儀（趙和平先生已定為武則天時期書儀[33]）中就有慶正冬、慶封禪、慶平賊、慶赦等表文等，大體是和唐朝當時的禮儀慶賀活動相應的。這類箋表的具體形式並不見於《開元禮》，但是《唐六典》卷四禮部郎中員外郎條有「凡六品已下官人奏事，皆自稱官號、臣、姓名，凡上表、疏、箋、啟及判、策、文章，並如平關之式」，以及皇帝在外奉起居表和「凡元正，若皇帝加元服，皇太后加號，皇后、皇太子初立，天下諸州刺史、若京官五品已上在外者，並奉表疏賀，皆禮部整比，送中書總奏之」等規定[34]，《唐會要》卷二六《箋表例》更有唐初以降關於箋表的若干制敕條令，因此箋表是被制度嚴格限制著的，有關箋表的用法、形式及內容，推測應當是屬於《公式令》[35]或者《禮部式》的內容。

　　雖然箋表的形式未被列入正禮，但是從《開元禮》卻可以證明當時書儀中的用語正在使用。例如 P.3900 書儀有《慶正冬表》，內有語曰：「臣名言：『元正肇祚，萬福惟新。伏惟　陛下，膺乾納右，與天同休。』」「萬福惟新」下又註曰：「冬至即言晷運環周，日南長至。」[36]《開元禮》卷四〇《祫享于太廟有司攝事・饋食》言祝版有：「……謹遣某官臣某敢昭告于獻祖宣皇帝、祖妣宣莊皇后張氏，晷運環周，歲序云及，永懷追慕，伏增遠感（下略）。」同書卷九五《皇帝元正冬至受皇太子朝賀》內稱：「舍人引皇太子升，進當御座前，北面跪賀，

33　見趙和平：《敦煌寫本書儀研究》，第 153-166 頁。

34　《唐六典》卷四《禮部》，第 113、114 頁。

35　參見仁井田陞《唐令拾遺・公式令第二十一》附錄，東方文化學院東京研究所，1933年，第 604-606 頁。

36　《法藏》（29），第 133 頁。

稱：『元正首祚，景福惟新，伏惟陛下，與天同休。』」其下也註曰：
「冬至賀云，天正長至，伏惟陛下，如日之升。」[37]其語也與書儀表語
近似。應當說明，某些表語唐以前早為普及，例如「元正肇祚，伏惟
陛下應乾納佑，與天同休」之語就早見於晉何充的《賀正表》[38]。但一
些說法是唐朝令式作了專門規定的。根據 S.6537v 鄭餘慶元和《大唐新
定吉凶書儀》中的說明，「冬至云晷運環周，今改云晷運推移也」[39]，
可以知道「晷運環周」是元和以前的用語，書儀完全遵照朝廷規定的
用語，與《開元禮》反映的情況是一致的。

　　另外，《開元禮》卷九五《皇帝元正冬至受皇太子朝賀》及卷九六
皇帝、皇后《元正冬至受皇太子妃賀》，卷九七《皇帝受群臣朝賀並會》
等略同而稍簡，而皇帝元正、冬至答群臣宣制則分別有「履新之慶，
與公等同之」或「履長之慶，與公等同之」[40]。當然場合不同所用賀語
不同，如卷九四《納后》一儀中群臣賀詞是「具官臣某等言：『伏惟殿
下，徽猷昭備，至德膺期，凡厥黔黎，不勝慶躍』」；卷一一〇《太子
加元服》，群臣的「上壽」詞是：「皇太子爰以吉辰，載加元服，德成
禮備，普天同慶，臣等不勝悅豫，謹上千萬歲壽。」[41]類似的賀語在各
類慶賀場合不可缺少，這些固定性的用語本身也是書儀用語，它們可
以說明書儀的實用性。

　　P.3442 杜友晉《吉凶書儀》有屬於「國哀奉慰」的「表凶儀一十一
首」。「國哀奉慰」是官家所忌，史載李義府、許敬宗定《顯慶禮》，以

37　《大唐開元禮》卷四〇，卷九五，第 233、451 頁。

38　《初學記》卷四《歲時部下‧元日第一》，中華書局 1962 年版，第 64 頁。

39　《英藏》（11），第 99 頁。

40　《大唐開元禮》卷九七，第 453 頁。

41　《大唐開元禮》卷九四，卷一一〇，第 446、517 頁。

為皇帝「凶事非臣子所宜言，遂去其『國恤』一篇，由是天子凶禮闕焉。至國有大故，則皆臨時采掇比以從事，事已，則諱而不傳」[42]。受此影響《開元禮》中自皇帝、太后、皇后乃至皇太子、太子妃喪事皆無，亦無為其舉哀臨弔內容。但是，在 P.3442 開元時代杜友晉《吉凶書儀》的「表凶儀一十一首」中，卻竟然有《國哀奉慰嗣皇帝表》、《山陵畢卒哭祔廟奉慰表》、《國哀大小祥除奉慰表》、《皇后喪奉慰表》、《皇太子喪奉慰表》等這樣一些直觸忌諱的儀目。試舉其中《國哀奉慰嗣皇帝表》如下：

臣名^姜_姓言：上天降禍，　大行皇帝^{皇太后喪云大}_{行皇太后。}崩背，萬國攀〔號？〕，^{太后云率土}_{號、哀慕。}若無天地。臣妾奉諱號踊，肝心摧裂。^{無姓臣妾}_{不須此語。}伏惟　陛下攀慕號絕，　聖情難居。臣妾限所守，不獲星奔，五情靡屆，不任感慕之情。謹遣某官臣姓名奉表以聞。臣名誠惶〔誠〕恐，頓首頓首，^{若父在}_{云稽首}稽首，商量已，具名吉儀，他皆放（仿）此。死罪死罪。婦人修表不須誠惶誠恐以下語，直云謹言，他皆仿此（按「婦人」下為說明文字，但未用註文形式）。

年月日具官臣姓名上表某縣^{以下准此}（下封題略）[43]

可見內中是直言皇帝死亡的。書儀中為什麼會有此類表狀呢？從表中對於稱謂、用語的講究以及在相關皇帝詞語之前平闕的嚴格運用，可以知道它們也是來源於朝廷禮式的正式規定。雖然我們不知道許敬宗等在刪去國恤禮的同時是否也刪去了格式，杜氏書儀的表文是抄自前朝書儀還是直接來自格式亦不得其詳，但正像吉儀中的表文一

42　《新唐書》卷二〇《禮樂》一〇，中華書局 1975 年版，第 441 頁，下同。

43　《法藏》（24），2002 年，第 218 頁。

樣，卻是實實在在於書儀中保留了下來。這些奉慰表表明實際上從皇帝始亡到葬入山陵卒哭、祔廟、三年中的大小祥祭，直到除服的整個喪禮過程臣下都必須有所表示，說明現實生活中凶表的內容儀節是迴避不掉的，它們在皇帝舉行喪事時是與臣下關係最密切的部分。表的規格用語必須按照程序完全遵守，其實用性參照性很大。凶表和吉表一樣是當時國家禮制所必須的，這也是為什麼朝廷還能允許凶表非正式地保存在書儀中的緣故。杜氏書儀同時規定用於父母的哀悼詞是「凶釁、招禍、棄背、攀慕、五情靡潰、攀號、擗摽（擗踊？）」，與《開元禮》官吏喪事的各類祭文所稱「叩地號天，追慕永遠」、「追慕永往、攀號無逮」、「攀慕永遠、重增屠裂」或是「無任荒蹐」、「罪積不滅」大致相當[44]。而書儀表中大臣哀悼皇帝太后的喪亡用「崩背」、「萬國攀〔號〕（或號慕）」、「攀慕號絕」、「五情靡厝」等等，也證明被一直使用。直到德宗初顏真卿為代宗喪禮作《大唐元陵儀注》，喪禮各程序中太祝代嗣皇帝跪讀的祝文中，仍有「攀號擗踊，五內屠裂」、「天禍所鍾，攀號無極」、「煩冤荼苦，觸緒糜潰」等自虐性的書儀常用語[45]，由此也足見書儀與朝廷制度和現實生活陳陳相因。

　　唐前期書儀與禮制關係密切的又有前述題杜友晉撰《新定書儀鏡》（P.3637 等），其內容與同是杜友晉撰《吉凶書儀》有類似，但也有一些差別。杜友晉已被考訂是玄宗開、天中人，書儀的時代大體可以認定為是開元後期或天寶中[46]。這件書儀中有內、外、夫族三幅喪服圖受到研究者的重視，而其最大的價值乃在於它們與朝廷正禮有一定關係。三幅喪服圖中有幾項標明「新入」之制。其中「兄弟」標明「周，

44　《大唐開元禮》卷一四七、一四八《六品以下喪》，第712-716頁。

45　《通典》卷八五《大斂奠》，卷八七《小祥變》，第2306、2383頁。

46　趙和平：《敦煌寫本書儀研究》關於P.3442《吉凶書儀》題解，第223-232頁。

妻小功，新入大功」；「妻父母」標明「緦麻三月，新入小功五月」；「女
婿」標明「緦麻三月，新入小功五月」；「外生（甥）」標明「緦麻三月，
新入小功五月」，「舅」標明「舅大功九月，母小功五月，新入緦麻三
月」[47]。另除舅大功九月，又有外祖和在室姨大功九月、婦為夫父母等
共十數條也與《開元禮》不合。筆者曾討論喪服圖年代，根據內中除
舅母一條外，其餘幾條都是「新入」之前制度同於《開元禮》，而「新
入」之後多同於《五代會要》所載後唐制度的情況，認為反映了晚唐
五代的禮制，開元、天寶時期的書儀之所以混入後期制度，乃晚唐五
代人傳抄所致[48]。但現在看來這個推斷仍有一定問題。因為從《開元
禮》制定到五代，中間也有變化，而且開、天之間就是一個變禮劇烈
的時期，筆者的一個疏漏是沒有能夠將以上變化與開元二十三年（735）
朝廷的一次重要服制改革連繫起來。

　　開元二十三年（735）的這次改革主要是針對外族服制。外族服制
古禮外祖和姨為小功五月，而舅服為緦麻三月，貞觀中已改舅服同
姨，此後亦被《開元禮》吸收，但現實制度並未完全照行；並且舅母、
堂姨舅等亦未有服制規定。《唐會要》卷三七《服紀》下載開元二十三
年（735）正月十八日敕文有「服紀之制，有所未通，宜令禮官學士詳
議具奏」的要求，於是太常卿（時亦為禮儀使）韋縚奏請，以為「外
祖正尊，同于從母之服；姨舅一等，服則有殊；堂姨舅親既未疏，恩
絕不相為服；親舅母來承外族，同爨之禮不加」不合理，請求為外祖
父加至大功，舅加至小功五月，「堂姨舅疏降一等，親舅母從服之例，

47　《法藏》（26），第 182 頁；舅、舅母及甥條 P.3637 有誤，此據 P.3688、P.3849 改，《法
　　藏》（26），第 314 頁；《法藏》（28），2004 年，第 362 頁。

48　吳麗娛：《敦煌 P.3637〈新定書儀鏡〉中喪服圖年代質疑》，載《中華文史論叢》2001
　　年第 3 輯，總 67 輯，第 77-106 頁。

先無服制之文，並望加至祖免」。最後遭到大臣反對，但玄宗仍定「聖制親姨舅小功，更制舅母緦麻，堂姨舅祖免等服」以「取類新禮，垂示將來，通于物情，自我作古」[49]。其中「親姨舅小功」等於肯定了貞觀和開元的定禮，但舅母的緦麻卻是自此而始。筆者認為書儀中之所以有「（舅）母小功五月，新入緦麻三月」這樣的說法，是因為原來舅母服從無規定，所以一般隨從舅服，而「新入緦麻」卻本照開元二十三年（735）定禮。至於書儀將外祖、在室姨甚至舅服都寫作大功九月很可能也受這次改禮中一些意向的影響。雖然書儀所反映的服制與當時的朝廷定禮的最後結果不完全一致，但至少這些關鍵處的改變是標誌性的，書儀對於朝廷定禮是敏感的，正禮改變書儀也會有反應，而作者杜友晉看來也是一位瞭解朝廷制度的官員。書儀中服制與《開元禮》的諸多不同，事實上是反映了開元、天寶以降禮制變化的趨勢。

（三）鄭氏元和書儀中的國家禮法

　　吉凶書儀中有不少是朝廷大臣製作的，這樣的書儀，與國家禮制關係更加密切。前揭 S.6537v 鄭餘慶《大唐新定吉凶書儀》就是這樣一件書儀。鄭餘慶出身滎陽鄭氏，是德宗、憲宗二朝的禮儀重臣，曾兩度為相，「洎中外踐更，郁為耆德，朝廷得失，言成准的」。元和十三年任為禮儀詳定使，書儀的製作約在此前的元和六年前後[50]。史載其禮書作品唯此一件。他在序言中說明其書是「因茲采彼群儀，按諸禮經，

49　《唐會要》卷三七《服紀》上，第 795-799 頁；按玄宗下敕改服紀又見《唐大詔令集》卷七四《開元二十三年籍田敕》，第 415-416 頁。

50　《舊唐書》卷一五八《鄭餘慶傳》，第 4164 頁。參見趙和平關於書儀的題解，《敦煌寫本書儀研究》，第 505-507 頁。

灑翰之餘，采掇時要，取其研妙，遺言有章」，而與太僕寺丞李曹、司勳郎中裴莒、前曲沃尉李穎、中書侍郎同平章事陸贄[51]、侍御史羊環、司門員外郎韓愈等「共議時用，要省吉凶儀禮」的結果[52]。而既然是「采掇時要」、「共議時用」，所以除了仍承襲大族製作書儀而吸收家禮以指導世俗之用的成分外，其書儀更具官僚性質，也更帶有時政色彩。其書儀三十種儀目中，內容保留下來而與現實制度關係密切者就有《公移（私？）平闕式第三》、《祠部新式第四》、《諸色箋表第五》、《僚屬起居〔啟？〕第六》、《典史起居啟第七》等，其內容表明所涉及者都是現實生活和官場所用，其禮制也有相當的針對性。

例如《公移（私）平闕式第三》中具體有大量公文表奏中需用的平闕字目，其主要為涉及皇帝和國家者，私書疏也有關係家族、親屬、喪葬、墳塋一類詞彙。範圍不但超過《唐六典》中開元禮部式，也超出了 P.2504《天寶令式表》中平闕式和不闕式、新平闕令和舊平闕式等[53]。由此可知令式所規定的制度是隨著時代需要變化和增加的，而書儀所反映的正是當時的制度。

更可以作為證明的是《祠部新式第四》，這部分內容分為兩項，一項是列高祖、太宗、肅宗、代宗、德宗、順宗、憲宗、穆宗八廟帝后的忌日，並說明「右件國忌日並廢務行香。自大和元年（827）今上帝（帝衍？）登九五，復令京城七日行香，外州府百〔姓〕行香行道」。

51　「陸贄」之贄字不清。按：與鄭餘慶商議禮制者多為其下僚，陸贄貞元中為宰相，與他人並列，似不合。又陸贄貞元十年已貶忠州，官職前應加「前」字。或以為貞元太常博士陸質之誤，唯官銜不同，存疑。陸質事見《舊唐書》卷一八九下《陸質傳》，第 4977 頁。

52　《英藏》（11），第 99 頁。下關於 S.6537v 引文均見本冊第 99-104 頁，不一一說明。

53　錄文見劉俊文：《敦煌吐魯番唐代法制文書考釋》，中華書局 1989 年版，第 57-358 頁。

大和元年（827）是文宗在位，説明書儀中「新式」已被後來人竄改而非元和制度。國忌是帝后忌辰，國忌的設齋行香據説始自魏晉南北朝相沿已久。由於唐自開元十一年（723）以後廟制定為九廟[54]，所以《唐六典》卷四祠部下列獻祖以下九廟帝后及孝敬皇帝忌辰，但有（設齋）廢務、設齋不廢務與不廢務三等分別，當為開元祠部式的内容。敦煌P.2504 天寶令式表的「國忌」一項，内容大同小異。唐後期除武宗一朝，國忌都有行香。S.5637《諸色篇第七》有「國祭·睿宗皇帝忌」，P.2854 有河西節度使張議潮奉為先聖某皇帝（睿宗）及為先聖恭僖皇后（唐穆宗皇后）舉行遠祭行香文，為此一制度的實行留下佐證[55]。國忌行香依據國家現行宗廟制度，體現最高權威，須官員百姓遵守執行。根據規定，雖歷朝依昭穆順序遷祔，而太祖、高祖、太宗卻為不遷之祖。書儀八廟中無玄宗而有穆宗，根據遷祔原則實際上符合敬宗朝廟制而少太祖，文宗初即位敬宗尚未祔廟，所以廟主或尚沿前朝，少太祖可能因其是遠年之祖，屬於忌日「設齋不廢務」（見 P.2504）而非書儀所説廢務行香者，因此沒有與其他諸帝列在一起。

　　祠部新式的另一項是關於節日的規定。在正月十五上元、七月十五中元、十月十五下元的「三元日」、「准令格」休假，「並宮觀行道，設齋投金龍」之下徵引《假寧令》。這一《假寧令》，比《唐六典》卷二吏部郎中條、《太平御覽》卷六三四《治道部·急假》及敦煌 P.2504《唐天寶令式表》所載《假寧令》都有不少增改[56]。例如三元日在唐前

54　見《舊唐書》卷二五《禮儀志》五，第 954 頁。

55　參見張廣達：《「嘆佛」與「嘆齋」——關於敦煌文書中的〈齋琬文〉的幾個問題》，載《慶祝鄧廣銘教授九十華誕論文集》，河北教育出版社 1997 年版，第 68-69 頁。

56　關於《假寧令》復原，見天一閣博物館、中國社會科學院歷史研究所天聖令整理課題組《天一閣藏明鈔本天聖令校證——附唐令復原研究》下冊《唐假寧令復原研究》，中華書局 2006 年版，第 581-598 頁；並參見仁井田陞：《唐令拾遺》，第 732-736 頁。

期只有正月十五和七月十五各給假一日，但改上、中元增為三日，下元給假一日；「寒食通清明」原定四日，改作七日；此外，「玄元皇帝降誕二月十五日，今上降誕日」，「並准敕休假一日」；二月一日中和節、二月八日悉達逾城日、四月八日佛誕日等也「准令休假各一日」。「寒食通清明」是在大曆十三年（778）敕改休假四日為五日，貞元六年（790）增為七日的[57]；二月一日中和節也是因德宗認為「以晦為節，非佳名色」，貞元五年由李泌上奏，改以中和取代晦日，並與上巳、重陽合為唐後期三令節[58]。所以書儀所引假寧令，應當是元和以後所行，其中稱「准敕」、「准令」、「准令格」等，清楚地反映了制度修建的過程[59]。

　　《諸色箋表第五》是鄭氏書儀延續唐朝前期書儀的儀目，此項內容表明，表的製作雖然有固定程序，卻也需迎合時代需要，其變化不僅限於用語，也包括送達方式等等。例如它關於地方上表就有「封表極式」、「題表極式」、「上四方表牒式」，「轉牒式」等不同的公文範式；從中可以知道不但箋表本身須層層包裹書封，用線繫蠟封火炙和黃楊木函封裝等，而且還有專門上四方館的牒文手續和給「路經州縣館驛者」，要求其「准式送上四方館，不得停留」的轉牒。後者特別說明是節度觀察使所致。因此相比前揭P.3900書儀《慶正冬表》，僅在題函面語下簡單註明「函側右畔題云『謹上京神都門下』（此「神都」趙和平先生已指出是武則天時期稱東都），已下表頭尾題函並于此同」，並且

57　《唐會要》卷八二《休假》，第 1798 頁。

58　《唐會要》卷二九《節日》，第 633 頁；《類說》卷二《鄴侯家傳‧中和節》，《景印文淵閣四庫全書》第 873 冊，第 28 頁。

59　關於節假詳細變化及來源參見丸山裕美子：《唐宋節假制度的變遷─兼論令和格敕》，載《中國社會歷史評論》第 3 卷，中華書局 2001 年版，第366-373 頁。

進表須「緘封訖，印臘上」而沒有言及其他，鄭氏書儀顯然要嚴密繁複得多。而之所以如此，正是因為唐後期中央地方關係錯綜複雜，變量遠較前期為多。例如唐德宗貞元中，就發生過鄭滑節度使監軍薛盈珍遣小使程務盈「馳驛奉表，誣奏（節度使姚）南仲陰事」，而被南仲裨將曹文洽追殺並沉表於廁的事件[60]。為了能夠及時送達表狀，也為不致旁生枝節及安全起見，表狀的上達不得不有精心的防護措施。這種形式上的變化也説明維繫地方與中央關係的表狀在唐後期已經不是一般地受到重視，這在刻意宣揚朝廷權威的元和時代尤其可以理解。

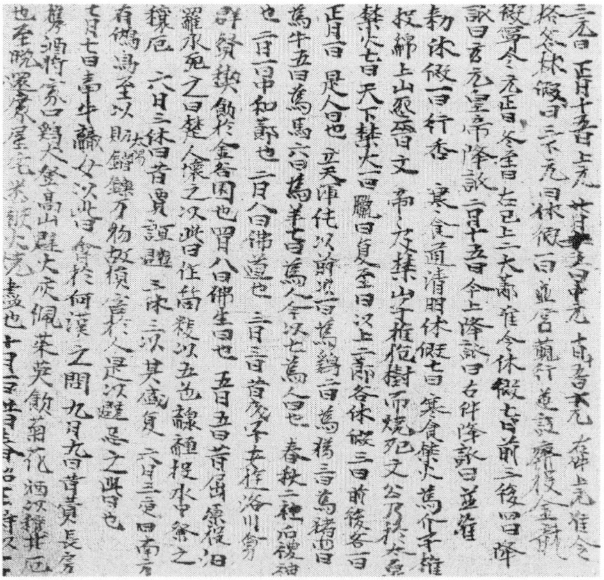

▲ 圖 16　S.6537v 中的節日

　　鄭氏書儀中《僚屬起居〔啟？〕第六》和《典史起居啟第七》，兩項收入了僚屬下吏賀長官常用的《賀正冬啟》、《賀起居啟》、《賀人改

60　《舊唐書》卷一五三《姚南仲傳》，第 4083 頁。

官及加階啟》等書狀範式。筆者以往曾對這些書狀作為公私之間使用的官場往還書儀性質，及其在唐後期的擴人化作過探討。雖然，司馬光《書儀》曾將這類書範一概歸為「私書」[61]，但它們是比照官員上給皇帝的表狀而作，有標準、固定的格式和語言，也有使用的特定時間與場合，只是規格、等級和對象有別。它們的使用，不僅是出於官場習慣，也是一種必須，我們不妨推測，它們同樣是出自唐朝格式當中的正式規定。

除了以上現行令式和禮制，元和時代的鄭氏書儀一個特殊之處是還有一些與開元禮制直接有關的內容。例如鄭氏書儀的三十種儀目中依次有「國哀奉慰第廿一，官遭憂遣使赴闕第廿二，敕使弔慰儀第廿三」等等，這些條目具體內容均已佚失，但「國哀奉慰」可見前揭杜氏《吉凶書儀》所收同類凶表，鄭氏書儀中的「國哀奉慰」應當正是沿襲開元制度。

《官遭憂遣使赴闕》和《敕使弔慰》，則見於《大唐開元禮》卷一三八《凶禮‧三品以上喪之一》和卷一四二《四品五品喪》，有「赴闕」和「敕使弔」兩儀。《通典》卷一三八《開元禮纂類‧三品以上喪上（四品以下至庶人附）》綜合其事，內「赴闕」註明「六品以下無」，文曰（括號內為註文）：

遣使赴于闕。使者進，立于西階，東面南上。主人詣使者前，北面曰：「臣某之父某官臣某薨若母若妻，各隨其稱。四品以下言死，余同。

61　司馬光：《書儀》卷一，《景印文淵閣四庫全書》第 142 冊，上海古籍出版社，第 462 頁。

「敕使弔」曰：

使者公服入立于寢門外之西，東面。相者入告。主人素冠降自西階，迎于寢門外。見賓不哭，先入立于門右，北面。內外皆止哭，開帷。_{帷堂之帷，事畢則下之。}使者入，升立西階上，東面，進主人于階下，北面。使者稱：「有敕。」主人再拜。使者宣敕云：「某封位薨_{無封者稱姓位。}_{四品五品云某封喪，餘同。}情以惻然，如何不淑。」主人哭拜稽顙，內外皆哭。使者出，主人拜送于大門外，親故為使弔者，既出，易服入，向屍立哭十數聲，止，降出。主人候敕使出，升降自西階。_{主人升降自西階者，親始}_{死，未忍當主位。}[62]

　　由此可見，「官遭憂遣使赴闕」和「敕使弔慰」是五品以上高級官吏喪事所用。當這些官員（或其母妻）死去，應由他的兒子（母妻則由他本人）奏報朝廷，由皇帝派敕使宣慰。它的範圍不限於是中央還是地方，但在德宗以後大量應用於朝廷與藩鎮之間。節度使死後理應報告中央，然後由中央派使臣前往，監護喪事。但事實上還要瞭解藩鎮動向，決定繼任節度使的人選。因此兩儀的使用非常重要。有時節度使死亡藩鎮隱瞞不報，自行擁立，敕使甚至被拒絕入境，於是敕使的派遣便顯得更加微妙。因此可以說，此兩儀喻示著中央對地方的絕對支配，其是否執行其實關係到中央能不能有效地控制地方的問題。憲宗即位後力圖削平藩鎮，加強中央集權，元和書儀以此兩儀來突出和強調地方對中央的服從是很有用意的。而根據它們的重要性和書儀

62　以上見《通典》卷一三八《開元禮纂類・三品以上喪上（四品以下至庶人附）》，第3511-3512頁。

闡發禮制的作用可以推測，元和書儀中關於它們的規定和說法可能遠不止於《開元禮》那樣簡約，但是，它們產生的源頭卻是《開元禮》。

　　那麼，為何元和時代鄭氏書儀中會有諸多直接源自開元禮制的內容呢？除了當時禮儀實用的需要，更可以理解為是反映了朝廷對《開元禮》的崇奉。《開元禮》當開元之際雖是以《禮記》那樣的「不刊之典」作為製作目標，但並非完全能夠落實。安史之亂後，藩鎮割據中央政令不行的現象引起人們對於國家統一和興盛局面的嚮往，《開元禮》才被作為盛唐禮制之象徵和恢復大唐威儀所必行。為此德宗貞元二年（786）將開元禮正式列為舉選科目，聲明「開元禮，國家盛典，列聖增修。今則不列學科，藏在書府，使效官者昧于郊廟之儀，治家者不達冠婚之義，移風固本，合正其源」[63]。元和初呂溫《代鄭相公（絪）請刪定施行〈六典〉〈開元禮〉狀》也認為《開元禮》是「網羅遺逸，芟翦奇邪，互百代以旁通，立一王之定制」，認為由於《開元禮》沒有真正落實才造成「喪祭冠婚，家猶異禮，等威名分，官靡成規」。請求「于常參官內，選學藝優深、理識通遠者三五人，就集賢院，各盡異同，量加刪定」，然後由皇帝「特降德音，明下有司，著為恆式，使公私共守，貴賤遵行」[64]。這樣對於《開元禮》的討論和具體行用便時時見諸記載，鄭餘慶等大臣討論製作書儀也是在此形勢之下，元和書儀吸收或者承襲《開元禮》儀制不但不能認為是過時，甚至反而可以說是反映了貞元、元和時代朝廷禮制的一個現實趨向和特

63　《唐會要》卷七六《貢舉中・開元禮舉》貞元二年六月十一日敕，第1653頁。

64　《文苑英華》卷六四四，中華書局影印本1966年版，第3306頁；並見《呂和叔文集》卷五，《四部叢刊》本，商務印書館1927年版。按：鄭相公為鄭絪，見內藤乾吉：《唐六典の行用について》，《東方學報》7，1936年（收入《中國法制史考證》，有斐閣1963年版），第118-120頁。

有現象。

（四）晚唐張敖書儀中的開元禮法遺存

　　對於元和鄭氏書儀吸收《開元禮》的情況，還可以從大中時期歸義軍掌書記張敖所作《新集吉凶書儀》來說明。這件書儀在序言部分說明是根據鄭氏元和新定書儀「采其的要，編其吉凶」（P.2646）而成，所以它是繼承了鄭氏書儀不少內容的。在它的吉儀部分有吸收並擴大了的「僚屬起居啟狀」等，而凶儀部分（P.2622 等）中，也有關於舉辦父母喪事的全過程，其中關於起柩出行的一節說：

　　至吉日，主撰設祭，祭文在後〔卷〕中，三獻訖，孝子哭再拜。至夜排比，挽郎持簒振鐸唱歌，及排比車舉（輿），轜車入□門東，盟（明）器陳于南垣，魂車于門外左右。比庭祭訖，柩出升車，少頃，以薄帛弔□魂車裡，則掌事升柩上車，以蒭繩掩勒之，勿搖動。則以帛兩匹屬轜車兩邊，以挽郎引之，持翣振鐸，唱薤露之歌。[65]

　　這一節從舉辦喪事前夜設奠一直到次日靈柩發引。此類內容也見於《開元禮》三品以上至六品以下喪事。其書卷一四六至一四七關於六品以下喪有從「啟殯」到包括「陳車位」、「陳器用」、「進引」、「舉柩」、「柩在庭位」、「祖奠」、「柩出升車」、「遣奠」、「器行序」、「諸孝從柩車序」、「宿止」、「行次奠」、「宿處哭位」、「親賓致賵」等諸多儀目在內的「將葬」過程，遠比書儀更複雜，但總體內容非常一致。

65　《法藏》16，第 315 頁；下引文均見同頁，不一一說明。

例如「啟殯」是葬「前一日之夕，掌事者除葦障備啟奠」，由「相者引主人以下升」，酌酒奠之，「內外俱哭于位」；這就相當於書儀所説「主撰設祭」、「孝子哭再拜」。「陳車位」説到「將啟之日納柩車于大門之內，當門南向，進靈車于柩車之右」；「陳器用」是在「啟之夕發引前五刻」陳布吉凶儀仗、魌頭志石、大棺車和明器於柩車之前也就是南面。又提到有「引二、披二、鐸二、翣二」：「引者，引柩車索也；披者，繫于柩車，四樹在傍，執之以備傾覆」，此引、披即書儀所謂「帛兩匹屬輴車，兩邊以挽郎引之」者。又鐸是樂器而翣為棺飾[66]，與引、披之用都是古禮所規定，「持翣振鐸」也見於「舉柩」之際：「將舉柩，執鐸者俱振鐸」，「持翣者恆以翣障柩」。不僅柩車啟動前的「祖奠」、「遣奠」相當於書儀所説「庭祭」，而且「柩出升車」等也如書儀所言。

靈柩到墓後，還有一番舉措。張敖書儀續曰：

柩車到墓，亦設幕屋，鋪甂席，席上安柩，北首。孝子居柩東，北首而哭臨設祭，祭文在後卷中。

此段《開元禮》同卷也有「塋次」、「到墓」、「陳明器」、「下柩哭序」以陳其儀。其中「塋次」曰：「前一日之夕，掌事者預于墓門內道西，張帷幕設靈座如初」此即所謂「幕屋」。又「到墓」有「靈車至帷

66　按據《開元禮》卷一四七「陳器用」條註曰：「鐸者以銅為之，所以節挽者；翣者以木為筐（框），廣二尺，高二尺四寸，其形方，兩角高，衣以白布，柄長五尺。」又有畫翣：「畫翣者，內外四緣，皆畫云氣。」按《開元禮》又註明引披鐸翣庶人無。參見《禮記‧喪大記》並鄭玄註，《禮記正義》卷四五，《十三經註疏》，中華書局1980年版，第1584頁。

門外⋯⋯遂設酒脯之奠」。「下柩哭序」稱：「布席于柩車之後，張帷下柩。丈夫柩東，婦人柩西，以次進，憑柩哭甚哀，各退復位。」由此可見書儀從起柩到入葬的大部內容實際是本照《開元禮》，甚至大致是秉承《禮記》精神，只不過文字有大量簡化而讀之易懂，更具操作性，可謂古禮正儀的通俗本。

書儀在靈柩入壙後，特別提到后土之祭，稱：

掌事升棺入壙安置訖，即閉儀門。壙掩訖，于壇上設饌，祭后土，其文云，以今吉辰，于此安厝，伏願保無後艱。其餘頭尾並准前祭文同。

所説「其餘頭尾並准前祭文同」是指書儀寫在前面的內容：

（前闕）擇得地則孝子自將酒脯，五方彩信鋪座錢財▢▢▢▢所，于墓西南上立壇設祭后土，文曰：「厶年歲次厶月朔厶日辰，孤哀子▢▢▢▢清酌之奠，敢昭告于　后土之神，厶等不孝，上延　考妣，今以吉辰，卜茲宅兆，謹以清酌之奠，伏惟保無後艱，尚饗。三獻告訖，其壇撤除，于四隅立獸（？）▢之，其壇不得栽種，留之。」

這似乎是買得地或選得地後先祭后土，而根據書儀，入壙後還要再祭一次。后土祭乃是祭亡靈之外的一項神祇祭，一般認為來自民間信仰，或認為與道教有關，但這項祭祀大約起源很早，《周禮·冢人》註引鄭司農釋，已有「始竁（按即穿地為墓穴）時，祭以告后土，冢

人為之屍」之說[67]，這可能是《開元禮》的淵源和依據。且至少已被
《開元禮》官員葬禮收入而正式化。其書卷一四六至六品以下喪不但在
「筮宅兆」也即卜得墓地時就要「入鋪后土氏神席于墓左」而令「祝持
版進于神座之右」，跪讀「維年月日子某姓名，有官稱官，敢昭告於后
土之神，今為某姓某甫，營建宅兆，神其保佑，俾無後艱。謹以清酌
脯醢，只薦于后土之神（內註文略）」的祭文，而且「掩壙」下也有「祭
后土」。其文曰：

　　預于墓左除地為祭所，柩車到，祝吉服，鋪后土氏神席北方，南
向。設酒尊于神座東南，北向……告者酌酒，進，跪奠于神座前，俯
伏，興，少退，北面立。祝持版進于神座之右，東面跪讀祝文曰：「維
年月朔日，子某官姓名，敢昭告于后土之神，某官封諡，窆茲幽宅，
神其保佑，俾無後艱。謹以犧齊明酒庶品明鑒于后土之神，尚饗。」
訖，興，告者再拜……相者引告者退，復位，再拜，相者引告者出。
祝以下俱復位，再拜，徹饌席以出。

　　《開元禮》用詞稍文雅，但兩次祭祀后土與書儀所載過程大意無
差，可見這裡祭后土文字的直接來源仍是《開元禮》。所以，雖然張敖
書儀的某些喪禮內容，如升棺入壙前還要請僧道四部眾「十念」等已
非在禮制規定的範圍內而更多民俗和宗教意義，但是從鄭餘慶書儀「纂
要」來的喪禮內容仍然保留了刻意摹仿和吸收《開元禮》的痕跡。這
是鄭氏書儀帶給張敖書儀的影響。
　　因此無論是唐早期、中期抑或晚期的吉凶書儀，都有著來自朝廷

67　《周禮註疏》卷二二，《十三經註疏》，中華書局 1980 年版，第 786 頁。

禮制的因素，有些甚至在很大程度上忠實地反映了當時當代朝廷改禮
的意圖與趨向。書儀真正成為朝廷儀制與民間習俗交接的橋梁，發揮
了宣傳和推行朝廷禮制的作用。而由於書儀的這一特點，原來南北朝
以前以世族家禮為主要特色的吉凶書儀逐漸有了愈來愈多代表官方制
度的成分，特別是在中晚唐禮制逐漸分散於格式制勅，諸如《大唐開
元禮》之類的朝廷禮書過於深奧而教化、普及作用已經愈來愈消失的
情況下，書儀作為中間媒介，簡化朝廷禮制以溝通民間社會的意義就
更加突出了。書儀的這一功能，使之愈來愈成為宣傳和普及朝廷禮制
的工具，這就難怪五代後唐明宗因不滿鄭餘慶書儀中有起復、冥婚之
制，竟「詔（劉）岳選文學通知古今之士，共刪定之」[68]，幾乎將吉凶
書儀作為官方製作來處理。這樣的書儀當然更難免帶有官方色彩。《新
五代史‧劉岳傳》說「岳與太常博士段顒、田敏等增損其書，而其事
出鄙俚，皆當時家人女子傳習所見，往往轉失其本，然猶時有禮之遺
制」，正道出了書儀將禮制與「家人女子傳習所見」相互混合的製作方
式。所以雖然書儀有著某些荒誕不經和訛謬可笑之說，但由於能將國
家要求的禮制通俗化，「公卿之家」仍然「頗遵用之」，即被官僚階層
乃至下民百姓當作樣本。總之可以認為，在支配整個社會的禮儀思想
中，官方的意圖或現行制度總是占據著指導和支配的地位。書儀能夠
反映這種主流的意向和做法，體現了中古官僚制社會的特色和需要，
因此對於它在傳播當代禮制和維護朝廷統治的意義方面，應該是怎樣
估量也不嫌過分的。

68　《新五代史》卷五五《劉岳傳》，中華書局 1974 年版，第 632 頁，下同。

學術史評議

一四　關於敦煌《朋友書儀》的研究回顧與問題展説*

　　《朋友書儀》是敦煌所發現書儀中的一類，因 S.6180 殘卷出現的
「《朋友書儀》一卷」書題而得名。在敦煌書儀中，《朋友書儀》被認
為是唯一一種月儀性質的書儀，不但提供了相關類型，從中也可以追
尋到早期月儀的發展線索。羅振玉《貞松堂西陲秘籍叢殘》最早發布
的影印圖版中即錄有一件《朋友書儀》殘卷。二十世紀七〇年代那波
利貞在他的《唐代社會文化史研究》中也專門提到了這件文書
（P.2505）[1]。八〇年代初以來，中日學者關於《朋友書儀》的研究陸續
展開，周一良先生以及趙和平、郭長城、王三慶、黃亮文、張小艷、
丸山裕美子等和筆者，都先後從不同方面進行探討，取得了不少成

---

* 　本文原載於《敦煌吐魯番研究》第 14 卷，上海古籍出版社 2014 年版，第 331-348 頁。

1 　〔日〕那波利貞：《唐代社會文化史研究》第一編《唐の開元末・天寶初期の交が時
　　世の-變轉期たるの考證》，東京：創文社 1974 年版，第 72-75 頁。

果。本文試圖對此加以總結，同時也針對其中的一些問題提出個人看法，希望能引起研究者的關注和興趣。

（一）《朋友書儀》的研究和進展

《朋友書儀》在敦煌的收藏頗豐，學者最初發現有十三個卷號，此後陸續增為十六號[2]。郭長城和趙和平分別對《朋友書儀》的卷子做過清理，趙和平並結合、參考諸卷文字過錄為「《朋友書儀》一卷」。此後王三慶、黃亮文合作文章也附有錄文[3]。就此而言，兩種錄文已經儘可能地恢復和展現了《朋友書儀》的全貌，提供了較好的研究基礎。而俯瞰《朋友書儀》迄今已經取得的成果和進展，主要集中在以下幾個方面：

1.《朋友書儀》的特色、形態與版本、系統劃分

《朋友書儀》顧名思義用於朋友之間，周一良先生指出其特徵是：「一、書札中心思想都是敘離別之情的，與索靖《月儀》相同，全不涉及其他書儀中日常交往和慶弔方面。二、文字比較優美、帶感情，不

2　13 號為 P.2505、P.2679、P.3375、P.3420、P.3466、P.4989v、S.5660v、S.6180、S.6246、S.5472、S.361v、貞松堂本、上海圖書館藏本，見郭長城：《敦煌寫本朋友書儀試論》，載《漢學研究》第 4 卷第 2 期，1986 年，第 291-299 頁；趙和平：《敦煌寫本〈朋友書儀〉殘卷的整理與研究》，載《敦煌研究》1987 年第 4 期，第 44-55 頁；並見《敦煌寫本書儀研究》，新文豐出版公司 1993 年版，第 112-126 頁。張小豔增 дх.5490、дх.10465，見氏著：《敦煌書儀語言研究》，商務印書館 2007 年版，第 18-19 頁。黃亮文又檢出 P.3715v 前 5 行所抄為《朋友書儀》內容，見《法、俄藏敦煌書儀相關寫卷敘錄》，載《敦煌學輯刊》2010 年第 2 期，第 135-148 頁。

3　兩種錄文分見趙和平：《敦煌寫本書儀研究》，第 73-110 頁；王三慶、黃亮文：《〈朋友書儀〉一卷研究》，載臺北敦煌學會編印《敦煌學》第 25 輯，2004 年，第 52-73 頁。

像另兩種類型書儀那樣盡是枯燥的套話。三、生活及時代氣息甚濃，一讀即感到是當時遠在西陲的遊子所寫書信。」[4]而對書儀的結構研究者也取得基本一致的看法。趙和平總結「完整的敦煌本《朋友書儀》由三部分組成」。其第一部分是「辯秋夏春冬年月日」，臚列節氣時候用語的套話。第二部分名為「十二月相辯文」[5]，乃是按月編排，每月一通的駢文體書信及四言的答書。十二月末另附有一通求謀官職書札以及一通關於婦女的書信，但對於這兩通無關內容的書疏，尚無合理解釋。第三部分則為形式不同的四言為主的十二月儀。其中 S.5472 在正月前有「朋友相念」四字，郭長城與趙和平都認為可能是這組書儀的名稱。

《朋友書儀》的十三個卷號並非來自一個抄本，卷子的形態不一，長卷、冊頁或雜寫殘片均有。其中 S.5660 最長，但卷子上部齊頭缺字。郭長城已提出在主要的五個版本中，分為 P.2505 與 P.3375 及 P.2679、P.3466、S.5660 兩系，認為後一系文字較佳。另認為 S.5472（存甲乙兩式）亦接近後者，而 P.4989v 與 S.5472 乙式接近。趙和平則明確將卷子分為三個系統，P.2505、P.3375、P.3466、P.3420 為其一；P.2679、S.5472、S.5660、S.361 為其二；P.4989v 為其三，其他則難於確

4　周一良：《敦煌寫本書儀考（之二）》，《敦煌吐魯番文獻研究》第 4 輯，1987 年，第 20-22 頁，說見第 21 頁。並見《敦煌寫本書儀考》，第 71-74 頁。以下引文不再一一說明。

5　按此行文字郭長城和趙和平都認為是第一部分的總結，但周先生認為是第二部分標題，筆者曾提出後兩部分的總題（《關於〈朋友書儀〉的再考察》，載《中國史研究》2001 年第 3 期，第 63-77 頁），但由於第二部分與第三部分之間有其他內容隔開，現改從周說。

定。王三慶與黃亮文對諸卷作了更細緻的描述[6]，雖然劃分系統與趙和平不盡相同，但均注意到各系的較大差異以及 P.4989v 形式、文字的特殊性。王、黃認為可以將之作為《朋友書儀》第四部分，但筆者認為，雖然大部分卷號可以認為是來自一卷，但 P.4989v 也很可能是來自《朋友書儀》的不同版本，或者說敦煌的《朋友書儀》並不是通常認為的只有一種。

可以證明《朋友書儀》版本不一的還有丸山裕美子所介紹的日本靜岡縣磯部武男氏藏敦煌《朋友書儀》斷簡[7]。這件書儀僅十三行，存三、四、五月殘文。其形式與上述敦煌整理本第三部分的書儀很像。丸山裕美子提出書儀中有一些詞句與敦煌本意思相近，如「經遠」和「經往事」，「況在官司，情懷抱很」與「況在異域，能不思念，中心遙遠，未蒙延屈」；但內有「田農至重，不可失時」一類關係農事的詞句，與前者所描寫的邊關生活不同，顯示出作者所處生活環境的差別。故判斷斷簡乃《朋友書儀》的中原版，也即敦煌《朋友書儀》的原版。

當然斷簡是否是敦煌《朋友書儀》原版尚不能定論，但《朋友書儀》性質的書儀絕非只有一種，這類書儀的集合與製作，從新發現的吐魯番書儀也能夠證明（詳下）。

2.《朋友書儀》的淵源──索靖《月儀帖》的敦煌發現與《唐人月

6　按其文認為 S.6180 自成一系，P.3375、P.2505、S.5472 與 S.5660、P.2679、P.3466 與 P.3420 分屬兩個系統，其中 P.3375 與 P.2505 是書跡筆勢與行款幾近相同，應為統一抄手抄寫之副本；而 S.5660、P.2679、P.3466 與 P.3420 雖底本系統接近，但因抄手不同而有異。其中 P.3466 與 P.3420 為統一寫卷割裂為二者。認為 P.4989 文字與 S.5566 文字差異較大，應獨立分出，作為書儀的第四部分。

7　〔日〕丸山裕美子：《靜岡縣磯部武男氏所藏敦煌・吐魯番資料管見》，載日本《唐代史研究》第 2 號，1999 年 6 月，第 16-20 頁。

儀帖》的流傳

　　《朋友書儀》與月儀的關係是學者研究的一個重點。周先生除了指
出文獻關於月儀的記載，並從索靖《月儀帖》和北宋以來流傳的、題
為昭明太子蕭統或梁元帝蕭繹撰《錦帶書》和臺北故宮博物院藏《唐
人十二月朋友相聞書》上溯《朋友書儀》的淵源問題，並對其文體和
特色作了簡要介紹，對清人姚鼐關於《月儀帖》出自唐人的看法提出
質疑[8]。筆者在周先生討論的基礎上，對月儀和《朋友書儀》中出現的
四言和駢體文兩種文體作了進一步研究，認為四言者多為魏晉人所
用，而四六駢體則盛於齊梁。索靖《月儀帖》中兼用四言和駢體，它
所體現的似乎是一種漸變。駢體的發展雖盛於齊梁，但始於魏晉，與
索靖同時代的陸機、潘岳已有此類作品，文風有頗多相似之處。雖然
後人多認為《月儀帖》是唐人偽作，但竊以為應如周先生所説，是「文
字本身，恐怕仍出於晉人之手」。

　　月儀類作品能夠傳世，很大程度是由於書法，今存索靖《月儀帖》
見於北宋建中靖國元年（1101）劉燾集刻的《元祐秘閣續帖》，僅存九
個月，缺四、五、六月份。近年，學者在敦煌文獻中亦發現了臨摹的
殘片。先是西林昭一發現《俄藏敦煌文獻》第十二卷所收 дx.5748 即索
靖《月儀帖》佚文，在此基礎上丸山裕美子又指出 дx.4760、дx.6025、
дx.6048 也是《月儀帖》斷簡。近者蔡淵迪撰文又增 дx.6009，從而使五

8　周一良：《敦煌寫本書儀考（之二）》，《書儀源流考》（原載《歷史研究》1990 年第
　　5 期），並參《唐五代書儀研究》，第 72、94-95 頁，下不一一。

卷得以綴合[9]。蔡氏指出敦煌墨本較北宋《續帖》本至少早了一百多年，其文物、文獻價值至為重大，甚至有個別字尚可補存世帖本之失，可謂一字千金。

《朋友書儀》第二部分（即「十二月相辯文」）的答書（無正月），基本是四言體。論者均注意到它與臺北故宮所藏《唐人月儀帖》的關係。此《月儀帖》缺少正、二、五三個月，是僅存九個月的殘本。周先生指出：「（臺北）故宮博物院所印金朝以來流傳的《唐人十二月朋友相聞書》（亦稱唐人月儀帖），是用章草所寫，附真書小字釋文，其體裁與文風，與第一類型的朋友書儀中『十二月相辯文』極為相似」，認為「唐人月儀帖當是較早的流行內地的書儀。儘管如此，敦煌寫本『十二月相辯文』中不少文句格式，卻沿襲未變」。為此他將兩者的三、四、六月文字相對照證明其相似性。郭長城文也從《故宮書畫錄》卷三所載《唐人十二月朋友相聞書》一冊，和趙秉沖奉敕所寫「御題」（被判定是為清高宗作），提到《宣和書譜》及宋人曾惇《石刻鋪敍》所言，從而得出《相聞書》為唐人所書而名為明人王肯堂（郁岡齋）所標的結論。並據《故宮書畫錄》卷一有《明董其昌臨月儀帖》一卷和《石渠寶笈續編》清高宗《御臨董其昌臨月儀帖》錄文，判斷《朋友書儀》答書部分的文字，時代可追溯至釋智永的《月儀獻歲帖》。並提出唐無名人《月儀帖》及董其昌所臨，亦應為智永所作。

二〇〇四年王三慶又撰文，從印鑑等認為《唐人月儀帖》入藏清

9　以上參見《靜岡縣磯部武男氏所藏敦煌・吐魯番資料管見》，第 28-31 頁；丸山裕美子：《敦煌寫本〈月儀〉〈朋友書儀〉和日本伝來〈杜家立成雜書要略〉——東アジアの月儀・書儀》，載土肥義和編：《敦煌・吐魯番出土漢文文書の新研究》，《東洋文庫論叢》72，2009 年，第 116-119 頁。蔡淵迪：《俄藏殘本索靖〈月儀帖〉之綴合及研究》，載《敦煌吐魯番研究》第 12 卷，上海古籍出版社 2011 年版，第 451-462 頁。

宮的時間不會早於嘉慶初年，對郭氏關於「御題」是清高宗的説法予以糾正；並進一步説明曾惇所言之來龍去脈，以及《唐人十二月朋友相聞書》的現存狀況，卷末解縉、王文治跋語後記與金昌宗以來的鈐印情況[10]。文中介紹了王肯堂其人及摹勒、刻印《郁岡齋墨妙》的由來。並以所刻至今保存，十二月俱全，其首行題「唐無名書月儀」，次行題作「十二月朋友相聞書」，説明所題為原名，認為郁岡齋本是故宮藏本還未斷裂或遺失之前迻錄，可補故宮藏本不足。其文最後還提出，根據《唐人十二月朋友相聞書》與《朋友書儀》一卷的錄文比較，「不但肯定歷來題作唐人書的正確，還可以考訂這個冊子和唐代敦煌本《朋友書儀》存有血統淵源，而《十二月朋友相聞書》必定是原來祖本的簡本或別本的一部分，也可能是唐代綜合以前各種朋友往來聞問的書儀，成為敦煌本《朋友書儀》的內容形式」。他還根據元朝陸友仁《研北雜誌》錄《月儀獻歲帖》文字，認為即唐無名氏所錄，從而肯定了郭長城的看法，並考證《唐人月儀帖》從北宋徽宗時入藏秘府到入金、元，至明、清的延傳脈絡，對《唐人月儀帖》的來源提供了合理的解説。

　　在王三慶之後，丸山裕美子也對臺北故宮藏《唐人月儀帖》、郁岡齋所收《唐無名書月儀》及《明董其昌臨月儀帖》加以比較，認為前二者更為接近，而董其昌本略有差異。又比較郁岡齋所錄本和敦煌寫本《朋友書儀》，發現除了一月無載，二月、三月、四月、六月、七月、八月、十月、十一月的答書兩者基本一致，五月略有差異，只有

10　王三慶：《故宮藏本〈唐人十二月相聞書〉研究》，載《遨遊在中古文化的場域——六朝唐宋學術研討會論文集》，里仁書局 2004 年版，第 385-434 頁。

九、十二兩月有較大差別[11]，這也證明了其來源版本的不盡相同。

　　王三慶的上述文章還討論了敦煌本《朋友書儀》一類作品產生和消亡的原因，指出六朝以來，門第與出身、家庭教育與個人素養、幽雅書法風格及具有文彩絢麗的書函，成為甄選人才最可靠有力的質量保證。但隋唐以後，代之而起的選才制度是科舉取士，世家沒落，縟禮繁文的儀節被簡化，導致文風轉變，所以唐以後這類作品日趨沒落，乏人問津，並逐漸流失，只是因書法才被傳存於秘府。但月儀類作品是否因此在後世完全絕跡了呢？王三慶近年復討論唐以後月儀書的流變，並通過元朝劉應李《新編事文類聚翰墨大全》所收兩種與婚禮結合的實用月儀書，論述了其價值和流變問題。認為它還是作為一種伏流，潛行於民間的應用文書裡，並隨著印刷術的發展，流傳十分廣遠[12]。

　　3. 吐魯番「朋友書儀」的發現與不同類型月儀的合集問題

　　從敦煌《朋友書儀》分為兩部分的月儀，以及其中「十二月相辯文」答書對《唐人月儀帖》的吸收，可以知道《朋友書儀》其實是不同種類的月儀集合。那麼，如何解釋這種現象呢？對此趙和平提出：「初唐以後，月儀類書儀在我國史籍中不再見有著錄，而已知的著述下限則是唐朝的許敬宗。我們有理由認為，月儀類書儀最晚出現於西晉時，開元、天寶以後不再有人撰寫《朋友書儀》一類的單行書儀，而把這部分內容歸入綜合類書儀中。」並認為單純的《朋友書儀》在開元、天寶之後已成為過時的文字。

11　〔日〕丸山裕美子：《敦煌寫本〈月儀〉〈朋友書儀〉和日本伝來〈杜家立成雜書要略〉──東アジアの月儀・書儀》，第 119-125 頁。

12　王三慶：《唐以後「月儀書」之編纂及其流變》，載《張廣達先生八十華誕祝壽論文集》，新文豐出版公司 2010 年版，第 901-920 頁。

　　儘管如此，這類作品不會立時消失。新的創作沒有了，但集合舊作卻成為時尚，不僅敦煌《朋友書儀》如是，日本書道博物館所藏朋友性質的吐魯番月儀也證明了這一點[13]。

　　此卷原名誤定為《月令》，但實際由詩文雜寫和幾組月儀組成。不久前，筆者與陳麗萍對這件卷子略加整理，過錄文字，並將相關內容重作組合及拼接，仍暫定名為《朋友書儀》，進行了初步研究[14]。內考訂本卷詩文雜鈔中的唐玄宗《初入秦川路逢寒食》一首為開元十年作品，由此判斷本卷製作時間在唐開元中後期。並分析了幾組月儀在形制、開頭結尾、用語等方面的區別，如第一組失題，開頭為「四月孟夏微熱　漸熱　已熱」、「八月仲秋　已涼　甚涼　極涼」一類，其形式與敦煌本《朋友書儀》第三部分及磯部武男藏《朋友書儀》結構相似，但字句用語不同。第二組題《十二月龂□□（朝友相？王三慶認為三字應為「朝夕相」）聞書》，以月份為各月首題，如「三月」、「五月」等，內容用語大部與存世《唐人月儀帖》（《十二月朋友相聞書》）和敦煌本《朋友書儀》第二部分答書一致。第三組是由《問知友身患書》和《答問患重書》組成的《問疾書》，內容形式類似《杜家立成雜書要略》。第四組題《相文（聞？）卷一本》，形式與第一組近似，而內容詞句與敦煌本第三部分相同。從而認為敦煌本與本卷應有共同淵源，其題目或者也可用作這類書儀的參考。不過，兩種書儀明顯不是一件或是一個版本。吐魯番「朋友書儀」只是月儀的彙集而沒有修改，敦煌《朋友

13　見磯部彰編：《臺東區立書道博物館所藏中村不折舊藏禹域墨書集成》第3卷，文部科學省科學研究費特定領域研究（東ァジア出版文化の研究）研究成果，《東ァジア善本叢刊》第2集，2005年，第284-287頁。

14　吳麗娛、陳麗萍：《中村不折舊藏吐魯番出土〈朋友書儀〉研究——兼論唐代朋友書儀的版本與類型問題》，載《中國社會科學院敦煌學研究回顧與前瞻學術研討會論文集》，上海古籍出版社2012年版，第163-195頁。

書儀》卻有適應時勢和地方特色的較大變化。這說明一方面這類書儀仍被參考沿用，另一方面書儀形式內容也迎合現實需求被不斷改造更新，表明了文化承傳中必經的過程。最近又見到王三慶關於此卷的討論，文中特別介紹了卷子的來源及收藏情況，亦分為四種不同類型，並將其中的《十二月朝□□聞書》（闕字作「夕相」）與臺北故宮藏《唐人十二月相聞書》（闕文以郁岡齋本訂補）以及《朋友書儀》的《十二月相辯文》相近系統的文字按月排列作了比較[15]。吐魯番「朋友書儀」顯然也是敦煌《朋友書儀》研究的拓展和參照。

4.《朋友書儀》與《杜家立成雜書要略》的關係

朋友性質的書儀除了按月編排的月儀外，還有一類是按事編排，其代表作即日本正倉院所藏《杜家立成雜書要略》。周一良先生介紹說：「日本正倉院還藏有相傳為奈良時期光明皇后（701-760）手書的《杜家立成雜書要略》一卷，也是從中國傳入的書。此書包括三十六組書札，每組一題，如『雪寒喚知故飲書』、『賀知故得官書』、『就知故乞粟麥書』、『同學從征不得執別與書』等，皆附有答書。體裁以四字句為主，先結合季節寒暄，再進入本題。這種有往有來的體裁，與索靖《月儀》相同，但不是以月為題，而是涉及各個方面。書名稱為雜書，雜字當即指此，書即書札之意。日本內藤湖南氏認為此書屬於《月儀》之類的書儀，是正確的。」[16]

對於《杜家立成》的研究開始於二十世紀二〇年代，其中內藤湖

15　王三慶：《〈中村不折舊藏禹域墨書集成〉「月儀書」研究（初稿）》，載《慶賀饒宗頤先生九十五華誕敦煌學國際學術研討會論文集》，中華書局 2012 年版，第 660-665頁。《再論〈中村不折舊藏禹域墨書集成・月令〉卷之整理校勘及唐本「月儀書」之比較研究》，載《成大中文學報》第 40 期，2013 年，第 33-74 頁。

16　《書儀源流考》，第 103-104 頁。

南最早提出此書屬於《月儀》之類的看法。而圍繞書儀的撰者和寫作
年代這一最集中的問題，他提出撰者為杜友晉説，但因年代不合而明
顯難於成立[17]。此後的五〇年代中西野貞治提出書儀中的「秦王」一稱
是李世民，時間限定在武德元年（618）至九年（626），而作者是李世
民側近的京兆杜氏一員[18]。但同年福井康順根據《隋書》卷七六《文
學‧杜正玄傳》關於杜正玄「援筆立成」，「又著文章體式，大為後進
所寶，時人號為文軌。乃至高麗、百濟，亦共傳習，稱為杜家新書」，
以及《北史‧杜銓附杜正藏傳》關於杜正藏作「《文軌》二十卷」，「謂
之杜家新書」的記載，斷定為杜氏兄弟（正玄、正藏、正倫）所作[19]。
八〇年代啟功先生的文章也認為所謂「立成」者即《隋書》卷七六《杜
正玄傳》所言杜氏兄弟所作「杜家新書」，但認為「秦王」是隋楊俊，
考證寫作時間在開皇間，並提出「此卷文筆駢儷，微多俗套之語，蓋
應酬箋啟，有其必然者。故亦未嘗無委婉之詞，有趣之事，藉可見當
時社會生活之一斑者」[20]。

　　一九九四年以「日中文化交流史研究會」署名的《杜家立成雜書
要略——註釋與研究》一書，除有「註釋篇」對三十六組書札加以錄

17　〔日〕內藤湖南：《正倉院尊藏二舊抄本に就きて》，載《支那學》3-1，1922年；《研
　　幾小錄》，東京：弘文堂，1928年；收入《內藤湖南全集》7，築摩書房1970年版，
　　第133-141頁。《杜家立成雜書要略跋》，《寶左盦文》，1923年；收入《內藤湖南全
　　集》14，東京：築摩書房1976年版，第33頁。

18　〔日〕西野貞治：《光明皇后筆の杜家立成をめぐって》，載《萬葉》26卷，1958
　　年，第42-51頁。

19　〔日〕福井康順：《正倉院御物〈杜家立成〉考》，《東方學》第17輯，1958年；收
　　入《福井康順著作集》，京都：法藏館，1987年，第342-345頁。

20　啟功：《堅淨齋隨筆》，載《學林漫錄》第10輯，中華書局1985年版，第28-33頁，
　　引文見第30頁。按文據其中《相喚募討匈奴書》內「秦王」一稱，認為應指隋之秦
　　王楊俊，因考書儀撰寫年代在其任并州總管時，下限不晚於他被罷職的開皇十七年
　　（597）七月。

文、校勘和註釋之外，復有「研究篇」和「本文影印篇」，其「影印篇」製作了清晰的圖版，「研究篇」分章敘述《杜家立成》的成立、內容與構成、語言特色及對日本的影響。其中在前人研究基礎上，除肯定西野貞治的「秦王」為太宗説，還進一步提出撰者是杜氏三兄弟中杜正倫的看法[21]。

　　此後，仍不斷有商補和探討的文章出現[22]，而關於《杜家立成雜書要略》與月儀和《朋友書儀》的關係，也是研究者所討論和關注的問題之一。丸山裕美子比較了《杜家立成》與《唐人月儀帖（十二月朋友相聞書）》在文辭句式方面的某些相似處，以及與南朝齊王簡棲（王巾）所作《頭陁寺碑文》以及王羲之楷書《樂毅論》同作為光明皇后手書摹本的記載，還有奈良時代木簡之上《杜家立成雜書要略》書名及開頭部分的發現，由此而討論了書儀對日本文化的影響[23]。永田知之除總結前人關於《杜家立成》撰者時代的不同觀點，還通過與敦煌《朋友書儀》的比較討論了《杜家立成》的語彙、文章構成和文思、收載書簡的用途、作為實用和鑑賞的優美文學之作的雙重定位，以及鑑定

21　日中文化交流史研究會：《〈杜家立成雜書要略〉——註釋と研究》，東京：翰林書房，1994 年。按關於《杜家立成》的研究介紹，並參見周一良：《書儀源流考》，第103-104 頁；永田知之：《〈杜家立成雜書要略〉初探——敦煌書儀等との比較を通して》，載京都大學人文科學研究所編：《敦煌寫本研究年報》第 3 號，2009 年，第37-44 頁。

22　如山川英彥《杜家立成雜書要略注補》（載《名古屋大學中國語學文學論集》10，1997 年）、王三慶《〈杜家立成雜書要略〉及其相關研究》（載《新國學》第 2 卷，巴蜀書社 2000 年版）、王曉平《〈杜家立成雜書要略——註釋と研究〉商補》（載《人間文化學部研究年報》5，2003 年）等文。

23　〔日〕丸山裕美子：《敦煌寫本〈月儀〉〈朋友書儀〉和日本伝來〈杜家立成雜書要略〉——東アジアの月儀・書儀》，第 125-129 頁。

存世書跡真偽、糾正前人之説的意義等[24]。而趙和平亦比較了《杜家立成》與《朋友書儀》的同異，分析了《杜家立成》在書儀序列中的地位，指出在武則天以後所見吉凶書儀中，一般都包含有「四海」、「平懷」往來相與書的內容。所整理的開元、天寶時期杜友晉撰《吉凶書儀》、《書儀鏡》以及晚唐的一些書儀，關於朋友之間來往的書札，與《杜家立成》中相對應的同書題書札內容都十分相似。並將《杜家立成》與晚唐《新集書儀》加以比較，結論是《杜家立成》類專供朋友間往來的信札已融入綜合類書儀中[25]。而筆者與陳麗萍也發現被收入吐魯番月儀中的「問疾書」與《杜家立成》的一致性[26]。吐魯番月儀顯然是將這類書儀也當作月儀的一種來看待。因此這類書儀與月儀作為朋友往來的性質相同，只不過已將月儀原來的單純寫景敘情一變而為生活中朋友交往的具體事宜，突出了社交往還的性質和意義，從而能與實用性的吉凶書儀接軌，這也是書儀服從社會需要而發展的必然結果。

（二）《朋友書儀》研究存在的爭議與問題申述

從以上總結的進展情況和成就可以得知，關於《朋友書儀》，收穫主要在文獻整理方面，至於書儀的書體、內容等文學歷史方面問題雖然也有論述，深入的研究卻不多。這反映學者比較關注書儀的形成淵源，對書儀產生的現實來源和時代背景卻相對有所忽略，但兩者實際

24　〔日〕永田知之：《〈杜家立成雜書要略〉初探──敦煌書儀等との比較を通して》，第44-57頁。

25　趙和平：《敦煌本〈朋友書儀〉與正倉院〈杜家立成雜書要略的比較〉》，載《趙和平敦煌書儀研究──當代敦煌學者自選集》，第112-146頁，説見第123-127頁。

26　吳麗娛、陳麗萍：《中村不折舊藏吐魯番出土〈朋友書儀〉研究──兼論唐代朋友書儀的版本與類型問題》，第187頁。

缺一不可。由於筆者在這方面做過一些補充[27]，所以這裡在介紹所存在
問題時也申明自己的觀點，同時對《朋友書儀》的製作、傳播時代及
緣由提出一些新的揣測。

1. 覆書的遺存及其變化

周一良先生在分析索靖《月儀帖》時指出，其形式是「每月兩通，
以四字句為主。一通開始是帶有標題性的『正月具書，君白』，接著結
合月份說一些有關氣候的寒暄話，再進入正文，如闊別敘舊之類，末
尾又以『君白』結束。君字是用來代替人名的。另一通的性質，則是
對前者的覆信」[28]。筆者在此基礎上，即將此書儀與杜友晉《吉凶書儀》
中的通婚書和一些告哀、弔答書相對照，發現這種月日在前、兩重首
尾的形式不是兩通書信，而是所謂一書兩紙的典型覆書，其「君白」
也屬自我謙稱的「名白」之誤。從書儀的內容看，其上紙多為敘時景
寒暄及遙思朋友之情，下紙則誇讚朋友境遇才德或再敘朋友契闊。兩
紙轉折自然，內容毫無重複而是各有側重，與其認為是對答不如說是
上下呼應，因此兩紙實應合為一首。

覆書對尊長者所用，其實遠不限於常所說通婚書和告哀弔答書。
吐魯番出土 72TAM169：26（B）高昌書儀中給長輩的平居書信已證明
這一點，故可以肯定最早的月儀也用覆書。另外敦煌《朋友書儀》中
是否有覆書遺存是值得探討的一件事。其書儀第三部分有兩敘（或三
敘）節候的文字，如據 S.5472 所錄二月是：

> 二月仲春漸暄，離心抱恨，尉（慰）意無由。結友纏懷，恆生戀

27　吳麗娛：《關於〈朋友書儀〉的再考察》，載《中國史研究》2001 年第 3 期，第 63-77
　　頁。

28　《書儀源流考》，第 94 頁。

想。陽風氣動，節氣暄和，百草競新，梅花漸散（變），雲光朗起，散影隨時。　仲春漸暄，不審體內如何？某乙恆居草室，長在蓬庵，細碎卑微，離朋別侶（侶），春和芳節，逐伴思朋。念友交遊，纏懷散悶。單行弊語，略寄空心；不恥淺言，願公任意。

　　以上由於開頭和中間有兩個時候語「仲春漸暄」將書儀割成兩段，所以一般認為是兩篇，或認為是往返書疏，也即第二個「仲春漸暄」之下是答書。但是仔細分析，第一段只是敘季候景緻，第二段才是問候朋友及談自己處境、想念朋友和敘交誼等。一封信似乎不應僅敘景緻即結束，而應加上後面的內容才完整。又如對照吉凶書儀看，像「孟春猶寒，不審尊體（或尊體起居）何如」這樣的話大都是放在書信的中間（單書）或後面（覆書），而不是像現代習慣以問候語開頭。且上下內容的安排與索靖《月儀帖》非常相似，上述吐魯番「朋友書儀」也有兩組同樣的類型，筆者懷疑這種類型是刻意的創造，既不是上下兩篇更不是往返的致書和答書，而是覆書形式的一種變異。但這一看法未能得到響應，事實上也還值得再探討。

　　另外覆書本身形式變化的同時，還有書體性質結合內容的發展，即包括月儀和吉凶書儀在內覆書減少甚或消失後，別紙用法出現，而且於晚唐五代官場普及。P.4092《新集雜別紙》有「月旦賀官玖拾貳首」，都是按十二月編排的賀官儀。這類賀官儀結合藩鎮的「月旦起居」（衙參），本有致長官的正狀，但這裡都是去掉正狀的別紙。內容是節候景緻加上對長官的祝福及表達自己遭逢任用提拔的感謝，可以算是月儀的一種變體。這類十二月儀在P.3723《記室備要》、P.3931《靈武節度使表狀集》等都有出現，應是晚唐五代多見的一種形式。

　　2.《朋友書儀》所反映的地域、時代和作者

　　《朋友書儀》的地域在書儀中似乎是一個不難確定的問題。那波利貞據 P.2505 卷各月文範中提到的一些地名指出，其中的「蘭山是今天甘肅省寧夏府以西土名阿拉善山或乞伏山即賀蘭山的略稱……靈武是今天甘肅省寧夏府靈武縣地方」，作者「最思慕之地的堯都、晉邑、魏地即山西省地方，掩（淹）留之地是靈州、豐州、蘭山即甘肅省地方是明確的。對紅顏美貌在邊州破滅的感嘆可以見出是中年以後滯留邊州、遠戍從役的官員，這樣作為邊塞戍卒的文字才可能產生」。因此他得出結論說是此書儀決非一時創作，而是基於親身體驗，「蓋今山西地方出身卻做了甘肅地方官吏的人的真情流露」[29]。

　　書儀製作者所在地是西北或今甘肅寧夏地方這一點似乎是沒有疑問的。但問題在於對書儀創作的時代以及這位滯留西陲的「官吏」或者周先生所說「西陲遊子」是什麼人，看法並不盡相同。趙和平認為《朋友書儀》的主體即第二部分全用駢文，用典頻繁而文字優美，可與齊梁之際著名書札相比；又從辭中典故時間最晚的是吳均《續齊諧記》，判斷「《朋友書儀》成書當在梁代以後，而書儀中不見隋及唐初的典故，所以成書時代可能在隋末唐初時」。他並根據藤原佐世《日本國現在書目錄》中有許敬宗撰「《月儀》四卷」，懷疑《朋友書儀》的撰者是許敬宗。

　　說《朋友書儀》的作者是許敬宗固然會有很多問題。因為書儀中已見到了中宗景龍二年（708）以後才出現的三受降城——「三堡」的地名，而且所反映的「望豐州之鄉邑，地多運暮（幕或募？）之營；看勝部之川原，北連峰戍之類，兵旗遍野，戰馬朝嘶」場景也與唐初西北情狀不符，更遑論身為貴冑的許敬宗不可能有戍守邊陲的經歷。

29　那波利貞：《唐代社會文化史研究》第一編，第 73、75 頁。

這一點，筆者在舊文中已提出，並認為書儀表現戰爭場景，可能製作於開元、天寶時期。王三慶、黃亮文則在討論「《朋友書儀》的內容成分考察及著作時代」時，據其 S.361v 卷正月下有「維乾寧二年（895）歲次乙卯三月廿三日為□」的題署文字，認為「該書的編輯不應在晚唐五代以後」；並根據對地理名稱的考釋和安史亂前「晉地」尚處於安定，符合書儀所謂遊園賦詩、忻杯聚樂的條件，提出書儀製作大體在天寶或安史之亂初（詳下）。其文也認為趙和平所說許敬宗著述首先是書儀卷數不合，「再者亦無法解釋死在咸亨初年（咸亨元年是 670 年）的許敬宗作品何以會有後來設置的『溫池』出現」；結論是「比較合適的說法恐怕還是認為一位遠在朔方節度下的僚佐匯聚前人作品，改編成適合於邊城幕僚役士撰寫信函時的參考作品」。

不過，趙和平學長近期贈送筆者的自選集仍收錄了他 1987 年發表於《敦煌研究》的原文。其《朋友書儀》與《杜家立成》比較一文中也提到，他推斷《朋友書儀》作者為唐初之「奸臣」許敬宗的說法受到學術界的一些質疑，但仍堅持認為「從文字內容來看，其文風與齊梁的書札一脈相承，其作者應具有南朝文化的深厚背景，應出身於江南世族」。

竊以為，這裡兩種認識截然不同，是由於存在一個誤區，即《朋友書儀》的原作（或原集）和改編是兩回事，不能混為一談。趙和平的著眼點和所說特色，應當是書儀未改編以前（或者吸收某些原始月儀）的情況，而筆者與王、黃二位先生所論，乃是針對書儀改編以後的現狀。前者雖然重要，但僅注意前者而忽略後者也是有問題的。其實仔細辨認，書儀被改編的痕跡十分明顯，主要存在於作為主體的第二部分駢文體去書，現僅舉三月一首說明：

　　三月季春<small>上旬云已暄，中旬云甚暄，下旬云極暄。　姑洗。</small>自別相思，情懷夜月，恆戀妖質，念積金烏，愁飛氣而添云，淚垂珠而益露。想纏綿于往日，等合韻之笙竽；情繾綣于昔時，似和音之琴瑟。誰謂珠（朱）顏一別，關河隔萬里之歡；玉貌暫（暫）分，邊塞起千山〔之〕恨。舊時花顏，託夢裡而申交；昔日翠眉，囑遊魂而送憘（喜）。<small>王景妻囑魂千里相迎。</small>相（想）上官清夜遊園，命琴公而共酌；良霄（宵）對笛，咸躍鯉而非憚（潭）<small>馬融吹笛，躍鯉飛聽。</small>筵賓不羨于孟常（嘗）<small>孟常（嘗）家養客數千人。</small>屈友豈殊（慚）于贈縞。追車命駕，誰〔思〕蘭桂之交；敦契投歡，豈命（念）建豐之友。某乙懸心塞外，駈（驅）役于邊州；積念思鄉，淒驟于戎舸。[30]流襟之淚，誰為申裁？慷慨之情，豈能潘（判）割？嬌鶯百囀，旅客羞聞；戲鳥游林，羈賓赧見。三春澤鴈，不附行書；九〔夏〕江魚，元無受信。

　　從錄文可以看出，這首書儀確如趙和平所說，是用了不少典故，大部分文字都表現出優美的齊梁風格。而真正與西北邊塞有關的內容只有「誰謂珠（朱）顏一別」和「某乙懸心塞外」兩句。兩句雖被巧妙地嵌入，但明顯與上下文關係不大，取消兩句，上下文依舊能通，加上反而顯得生硬。特別是第二句，本來陳述友情想念朋友都是虛寫，加上一句有具體地點場景的內容便顯得十分突兀。

　　當然書儀每月一首改造的程度不一樣，有的改句多一些，有的可能取消了原句而有所變化和創新。如「二月」的一首，開頭便是「分顏兩地，獨淒愴于邊城；二處懸心，每咨嘆（嗟）于外邑」，已經代替了原來那種輕愁淺恨、優美纏綿、鋪陳華麗的語言。而新增諸如「蘭山四月，由（猶）結冷而霜飛；靈武三春，地乏桃花之色」、「某乙離

30　「駈（驅）役」、「淒驟」四字下原均有重文符號，作驅驅役役、淒淒驟驟，存疑。

家棄梓，遠役邊州，別于枌榆，遠赴積石，荒庭獨嘆」那樣的詞句多
是寫實，文字直白淺易，明顯與齊梁的文雅旖旎之風搭不上邊。但是
值得注意的是，這樣兩種風格拼湊在一起的情況，也只在此第二部分
駢體去書中出現，而答書和第三部分書儀基本都是沒有塞外風光的。
如取消這些後加的邊塞內容，以前的原本倒是符合六朝唐初風格的。

　　上面已經説過，敦煌《朋友書儀》與吐魯番「朋友書儀」雜抄本
一樣，是由幾種首尾形式、文字不同的月儀組合在一起的。因此，原
來的《朋友書儀》不僅有《錦帶書》那樣的南朝四六駢文，也有晉以
來多行的四言為主的月儀。而唐初以來，既然不再有更新的創作，抄
寫匯聚前人之作便成為特點。因此唐以前（含唐初）的兩種文體被保
留了。至於再改造時仍用前人文本，這在敦煌書儀中，並非只有《朋
友書儀》，晚唐書儀尤其突出。且不論表狀箋啟書儀格式用語的互抄並
見，就説吉凶書儀，也多是以「集」為名，如張敖《新集吉凶書儀》、
《新集諸家九族尊卑書儀》，五代《新集書儀》等，其內容都是根據需
要彙集、增減前人書儀內容，或者修改、補充一些程序用語。《朋友書
儀》則與之類似，只是由於一直以來並無新本，所以採用較早的舊傳
作底本便無足奇怪了。

　　這樣，我們就看到了兩種不同風格文字出現在同一組書儀的情
況，因此在判斷書儀的寫作年代時，必須有以區分。其實，即使從採
用駢文和典故而言，也不能認為是只有南朝齊梁之際才有的特點。中
晚唐五代由於官場表狀箋啟類書儀盛行，駢體文的學習已經普及於官
場和社會，駢文甚至成為政治性的實用文體而盛行。關於這一點，筆

者在以往的討論中已經有詳細說明[31]。但時代不同，駢文與駢文是不一樣的。從單純的唯美趨向實用是書儀的發展特點。《朋友書儀》表現西北邊疆之風土和人情的駢體文與原來哀怨綺麗的文字在風格上完全可以區分，這些新插入內容顯然是深受時風影響及迎合現實需要的。但是這樣一來，就有對《朋友書儀》的製作年代重加考慮的問題，而這一點，與我們下面要討論的書儀製作目的和流傳也是有關聯的。

3.《朋友書儀》年代、來源與傳播途徑的再考察

《朋友書儀》的一個特點是出現了很多西北地區的大小地名。對此王、黃二氏文指出，「書中所述的行政管轄區域含括了豐、勝、靈等州及其所屬縣城」。文據書儀中提到的靈武、豐州、勝州、寧遠、金河、懷遠、榆多（即榆多勒城）、溫池等地名，判斷「《朋友書儀》所述的地點不外在黃河兩條縱流中間或旁邊，應在所謂的『朔方節度』轄區之內」。而由於「安史亂前，史書稱此一地區為朔方節度」，「安史亂後，藩鎮漸起，黃河兩縱流間，始逐漸分屬於各節度之轄區內」，所以他們認為「就此種種現象看來，《朋友書儀》所述各地涵蓋範圍可能是安史亂前的朔方節度轄區」。「換句話說，除了還未深入考知的地名外，幾乎是以朔方邊城為中心，向黃河曲流之地輻射開來。所以《朋友書儀》的編輯年代必在溫池設置與天寶年間王忠嗣奏置經略軍於榆多勒城之後，或者天寶十四年（755）安史之亂初，但是不可能晚於吐蕃據有河西之前」。

但王、黃文中考證溫池、榆多勒城等地名或相關事件不晚於天寶，最多只是它們出現的上限，這些地名在天寶以後並沒有消失，與

31　《略論表狀箋啟書儀與晚唐五代政治》，載《中國社會科學院歷史研究所學刊》第2集，商務印書館2004年版，第339-359頁。

朔方轄區是否改變無直接關係，且即使改變，也並不能證明這些地名存在的卜限，因而就沒有辦法單純用它們來判斷書儀的製作時間。另外，這些邊塞風光無疑是書儀作者能夠見到的，但從地圖上就可以看出，豐、勝、靈等州土地廣闊，諸州間距離甚遠。既然書儀如所說是為「適合於邊城幕僚役士撰寫信函時的參考作品」，則書儀便顯然不是為了寫景而寫景。而問題就在於，無論是官員抑或役士，一般常居都只能在一個地點，書儀的主人公卻能夠放眼遼闊世界，將如此豐富的大小景觀一覽無餘，且所見竟都是在黃河兩岸，用藩鎮占地廣的理由實在是解釋不通的。

　　竊以為，論者可能並沒有注意到連接這些地點的黃河水運之重要，以及書儀主人公與這條水運線的關係，於此筆者在舊作中已經做過一些討論。這是因為我發現，書儀中有多處與船和水有關的描寫。如「某乙懸心塞外，驅役于邊州；積念思鄉，淒驟于戎舸（軍用大船）」（三月）；「河邊媚柳，接勝地而連陰；靈武浮萍，牧金花于紫水」（七月）；「但諤家之（乏）衣纓，長居丘（兵）役，別平河之南運，驟西武之般輸」（八月）；「黃河帶九曲之源，三堡接斜川之嶺。邊城漢月，切長樂之行人；塞外風塵，傷金河之役士」，「畫艫舟而起恨，切切相思；夜舳舸之悲啼，心中結念」；（十月）；「蘭蓬絕徑，蘆葦侵天，唯舟行人，能不淒愴」（十一月），等等。說明寫信者不僅可以隨時看到河邊景緻，且根本就是長期生活在船中水上之人。其晝夜於「戎舸」、「艫舟」之嘆恨悲啼和自平河（在勝州榆林郡）至西武（靈武？）的快速轉遷尤透露出身分的特殊。其中多處關於豐州、勝州、靈武風光以及主人公停留於船中水上的深情描述，其實是長期往還於黃河水運線的運卒們生活場景和思想感情的自然流露與表達。

　　因此書儀的景物描寫與黃河水運是分不開的。拙文曾以書儀中「三

堡」──三受降城的出現和開元中朔方節度使的設立，說明開、天以後六城水運使（又稱朔方水陸運使）的設置，並提出書儀有可能是開天時代的看法。六城，即《資治通鑑》卷二一八胡三省註「朔方所統有三受降城，及豐安、定遠、振武三城，皆在黃河外」[32]。唐後期又變為「五城」。《通鑑》卷二二五大曆十一年（776）二月「辛巳，增朔方五城戍兵以備回紇」條下胡註「時三受降城屬振武軍使，朔方統豐安、定遠、新昌、豐寧、保寧，謂之塞下五城」。岑仲勉則謂五城是「定遠、豐安二軍，東、中、西三受降城」，又認為六城應加上榆多勒城[33]。而無論六城五城，都是水運的流經地，書儀中「勝府」、「豐都」、「寧遠」、「三堡」、「新昌」、「榆多〔勒〕」及「蘭山」、「溫池」等赫然在目，其大小地名無一遺漏地在這條水運線上，線索十分清楚。

　　黃河水運是供應朔方特別是代北軍需的一條重要路線。而所以形成這條路線，正是由於關內道的置軍和防禦依賴河東的供應。《新唐書‧食貨志》稱：「初，度支歲市糧於北都，以贍振武、天德、靈武、鹽、夏之軍，費錢五、六十萬緡，泝河舟溺甚眾。」[34]《新唐書》此段史料所言是建中以前，可見用北都太原的糧食供應在朔方和代北的邊軍，是一直以來的既定政策。而敦煌 P.2507《開元水部式殘卷》記載「勝州轉運水手一百廿人，均出晉、絳兩州，取勳官充，不足兼取白丁，並二年與替」的規定[35]，對於為什麼家鄉在「堯都」、「晉地」的人會來到黃河水運服役也等於提供了答案。而事實上，從事水運者遠不

32　《資治通鑑》卷二一八，中華書局 1956 年版，第 6980 頁。

33　岑仲勉：《唐史余瀋》卷二《朔方節度下之五城六城》，中華書局 1960 年版，第 108-110 頁。

34　《新唐書》卷五三《食貨志》，中華書局 1975 年版，第 1372 頁。

35　錄文見劉俊文：《敦煌吐魯番唐代法制文書考釋》，中華書局 1989 年版，第 330 頁。

止這些人。《唐會要》卷八八《鹽鐵使》記載「近在豐州界」的胡落池，「每年采鹽一萬四千餘石，給振武、天德兩軍及營田水運官健。自大中四年，黨項叛擾，饋運不通，供軍使請權市河東白池鹽供食。其白池隸河東節度使，不隸度支」[36]。

胡落池（後來改白池）鹽被用來供振武、天德兩軍和營田、水運官健說明兩件事，一是水運官健離豐州不甚遠或就在豐州，故能就近食到胡落池的鹽。二是這裡專門提到水運官健食鹽問題，說明人數應當相當多，書儀「望豐州之鄉邑，地多運暮之營」的說法正與之相應。這個「運暮」，趙和平疑為「連幕」，王、黃錄為「運幕」，筆者則認為有可能是「運募」（即招募的運卒）。但無論是「幕」或「募」，竊以為「運」字大抵總是不錯的。一個運字，足以說明那是運卒的宿營所在，可見豐州之地確有大批從事水運的官建。依照《水部式》所形成的傳統，他們中許多人可能仍來自山西，故書儀言乘坐軍用大船「戎舸」的「役士」仍來自「晉地」。用「戎舸」恰合用「官健」運輸的意義，可見他們是黃河之上浩浩蕩蕩的大軍，對代北和朔方的供給及防禦起著極為關鍵的作用，如此便難怪《朋友書儀》會以他們的生活場景為出發點，注意到他們的需要。

但與此有關，要問的是這卷改編過的書儀究竟是什麼時候的呢？筆者曾以為是開、天時代，而王、黃二位文認為是天寶，雖都有一些依據，現在看來卻不無問題。因為首先，即上面所說黃河水運唐後期一直存在，書儀地名不反映下限。有些地名是唐後期更重要，例如新昌正是唐後期被列為「五城」之一，而溫池安史亂後陷落吐蕃，據《唐會要‧鹽鐵使》是「大中四年（850）三月，因收復河隴，敕令度支收

36　《唐會要》卷八八《鹽鐵使》，上海古籍出版社 1991 年版，第 1910 頁。

管」，其作用是在大中以後才顯現。前揭《唐會要》關於給水運官健供鹽的材料也提到大中前後。

　　丸橋充拓著文梳理了這一北地的水運使之沿革，並討論其設置與唐後期度支北邊財政之關係[37]。認為安史亂後漕運業務喪失，度支不得不以臨時的糧料使負責物資的支給和分配。然而貞元年間吐蕃的入侵刺激了度支機構的發展，出現了代北水運使和度支巡院，作為派出機關重新建構了度支領導下的財政體系。據他考證，通過代北水運使對度支營田使的兼任，確立了度支巡院、代北水運使和供軍使三種機構的體制。據知代北水運使院設於代州，開成二年（837）一度移於振武軍，至開成三年（838）復依舊置[38]，所管轄應當主要在代北。丸橋氏還注意到會昌年間由於回鶻入侵，李德裕奏狀要度支置和糴使，於秋收時和糴貯蓄。「且以和糴為名，兼令與節度使潛計會設備，如萬一振武不通，便改充天德軍運糧使。勝州隔河去東受降城十里，自東受降城至振武一百三十里。此路有糧，東可以壯振武，西可以救天德。所冀先事布置，即免臨時勞擾」[39]，其中提到的地方原來正由代北水運使管轄。指出代北的物資輸送路如果麻痺，自關內道中部靈武向天德、三受降城方面的搬運路就必須加強，這樣就出現了大中末由朔方節度使唐持兼靈武六城水運使的任命。僖宗朝又有大同軍防禦使段文楚兼任代北水運使的情況，雖然如丸橋氏所言，這「意味著代北水運使從度支的管轄下脫離」，但不妨礙黃河水運至少一直到晚唐仍然活躍，此

37　〔日〕丸橋充拓：《唐代後半の北邊財政——度支系諸司を中心に》，載《東洋史研究》第55卷1期，1996年，第35-74頁。

38　《冊府元龜》卷四九八《邦計部·漕運》，中華書局1960年版，第5971頁。

39　文見李德裕：《要條疏邊上事宜狀》，載（唐）李德裕撰，傅璇琮、周建國校箋《李德裕文集校箋》，河北教育出版社2000年版，第253頁。

其一也。

其次，書儀的寫作也不支持將時代斷為開元、天寶。如上所述，《朋友書儀》無疑是將中原製作改編而成。而來自地方或者藩鎮的書儀或者文集的製作大多是在中晚唐。傳世文獻中幾乎沒有這樣的唐前期製作。敦煌書儀中除《書儀鏡》一件有天寶中西部邊境戰爭內容，因而製作可能較早之外，其他產自地方的書儀多在中晚唐甚至五代。吉凶書儀是如此，表狀箋啟書儀更是如此。王、黃文認為《朋友書儀》是藩鎮僚佐的製作，但藩鎮僚佐所作的書儀或文集，更是都在中晚唐。而駢體文的興起，大致也是在中晚唐。《朋友書儀》對駢文書儀的修改，不應該是在開元天寶，因為彼時此文學風氣尚未興起，此其二也。

再次，書儀的主人公不止一次地稱自己的家鄉為「堯都」、「晉地」、「晉邑」。儘管太原作為唐朝廷的發祥地，從來得到重視，「天授元年（690）置北都兼都督府。開元十一年（723），又置北都，改并州為太原府。天寶元年（742），改北都為北京」[40]，為此書儀若借古地名及傳說而將之稱為「堯都」、「晉地」似乎不奇怪，詩文中借用或也平常；但如此專以春秋國名為地稱的，復多與藩鎮有關。如《資治通鑑》載德宗時河北藩鎮結盟反叛朝廷，「（朱）滔乃自稱冀王，田悦稱魏王，王武俊稱趙王，仍請李納稱齊王。是日，滔等築壇于軍中，告天而受之」[41]。而藩鎮稱地為國，至晚唐五代更為普遍，如李茂貞所在稱岐，而晉也為李克用專稱，封王均加其名，領兵也稱晉軍。地名專稱與藩鎮有關，不在開元、天寶，此其三也。

40　《舊唐書》卷三九《地理志》二，中華書局1975年版，第1481頁。

41　《資治通鑑》卷二二七建中三年（782）十一月條，第7336頁。

　　由此筆者認為，個人過去關於書儀時代是開元、天寶的推測或許應當糾正，《朋友書儀》的製作時間大範圍更可能是在唐後期至晚唐五代。前已說到王三慶、黃亮文二先生之文分析 S.361v 卷，認為卷子的編輯不晚於「維乾寧二年（895）」一行題署文字的年代。如其如此，則《朋友書儀》的寫作自不晚於此年。但該卷正面為抄寫整齊的《書儀鏡》，背面則包括《朋友書儀》在內都是雜寫。仔細察看，同樣的題署文字在卷中有兩處，看來都與雜鈔的書儀無關。而書儀寫在其中一處題署文字的右邊，行文卻是自左至右而非一般舊體文的自右至左，給人的印象是應該先有題署後有書儀，書儀雜抄純粹是將就已有字紙的廢物利用，否則書儀不應當是自左開始。如此乾寧二年（895）就不能作為書儀寫作時間的限制，但除此卷外，趙和平提到 P.2505 有廣順三年（953）題記，卻可以證明《朋友書儀》的流傳一直到後周，這似乎也說明其製作不會太早。

　　那麼《朋友書儀》具體何時製作又自何時流入敦煌呢？筆者提出一種設想，即弄清這一點或許應該與占據河東、代北的後唐政權連繫起來。《通鑑》引《僖宗實錄》載乾符元年（874）十二月李克用殺大同防禦使段文楚，自稱防禦留後[42]，中和二年（882）十二月被任為雁門（即大同）節度使[43]。中和三年（883）七月，李克用因鎮壓黃巢起義有功被唐朝廷任命為河東節度使，其父李國昌被命為代北節度使，實則代掌雁門[44]。

　　據《資治通鑑》卷二五三所言，段文楚被李克用所殺是與他主掌水運有關的：「會大同防禦使段文楚兼水陸發運使，代北薦飢，漕運不

42　《資治通鑑》卷二五三乾符五年正月甲戌《考異》引《僖宗實錄》，第8196-8197頁。

43　《資治通鑑》卷二五五中和二年（882）十二月，第8283頁。

44　《資治通鑑》卷二五五中和三年七月條《考異》，第8297、8299頁。

繼，文楚頗減軍士衣米，又用法稍峻，軍士怨怒。」李克用於是藉機起兵，除義楚而代之，這樣代北水運實際上完全被轉移到了李克用手上。據樊文禮先生所論，李克用之後又相繼奪取了昭義鎮，收復了代北地區，從而使他的統治範圍擴大到了今山西的大部分地區以及河北、內蒙古等地。在這一勢力範圍內，除河東節度使外，尚設有昭義、振武、大同以及代北等節鎮[45]。而李克用既任河東節度使，便可以繼續過去以晉地水手擔任水運役卒的傳統。所以筆者推測在李克用任使和後唐莊宗、明宗取得政權之後，大概都是通過水運保持著太原與代北、朔方的關係，書儀對山西役卒從事水上運輸的描寫或者就是這一關係的刻意寫照。而由於黃河水運不僅溝通其所掌地區（河東、代北）資源，而且也可以藉以與周邊政權（如靈武、夏綏銀等）建立連繫。換言之，這條水運補給線或者可以視作是朔方代北地區的生命線，它在唐末至五代大約從來沒有被封鎖和停止過，這也是李存勗、李嗣源能夠與關內道藩鎮勢力特別是靈武節度使搞好關係的一個歷史原因和基礎。民間的作品並非不受政治形勢的左右和影響，所以我傾向這卷書儀的製作形成是在晚唐以降，至少其廣為流傳與後唐政權的發展建立是有關的，或者根本就是後唐建政某種意向和動態的間接反映。

　　最近，個人對 P.4092（附 S.5623）《新集雜別紙》作了研究，發現書儀的製作和被帶到敦煌都與明宗時代河北官吏被派至朔方與河西，以及關內包括靈武在內的半獨立政權被取消世襲制有關。這是因為藉助天成四年（929）靈武內部因節度使韓洙之死發生的動亂，明宗將原在河北任職的官吏康福（後來是張希崇）等派入，成功地實現了對關

45　以上並參見樊文禮：《李克用評傳》，山東大學出版社 2005 年版，說見第 66 頁。

內藩鎮的直署與掌控，稍後，又有馬全節被派任河西節度使。筆者認為書儀的製作傳播或者與這些官員的西行有關，如《刺史書儀》就透露了與馬全節的關係，《新集雜別紙》的製作時間也與馬全節被任命為河西節度使的時間差不多。當然所有的書儀不一定是在一個時間，或者只與一個人有關，但仍提供了一種極大的可能性。無論如何，《朋友書儀》是將作為後唐政權主要根據地的河東、代北與關內道連繫在一起，無形中可以證明關內水陸運輸對河東代北的依賴，這對後唐一朝尤有特殊意義，體現了後唐政權發展中的一個特點和方面。當然這些書儀被帶到敦煌，不僅與政治形勢關係密切，也代表了一種文化傳播的意向，嚴格說是後唐時代中原政治統治和文化影響向西部推行的結果。這一點大概是沒有疑問的。

　　總之，目前《朋友書儀》的研究尚沒有結束，不少問題迄無定論，整體的內容仍有待發掘。而個人通過《朋友書儀》深深感到對書儀的探索其實可以從多角度出發，文獻學、歷史學、文學研究等缺一不可，政治、經濟史等諸多方面的知識也可以綜合利用而不能在學科上劃界。在這一層面上，書儀史料所呈現的豐富性和複雜性是怎樣估量也不為過分的。

後記

　　春節前後，收到劉進寶先生的約稿函，邀我作為浙江籍敦煌學者整理一部自選集，編入浙江大學組織的《浙江學者絲路敦煌學術書系》。我的敦煌研究作品不多，基本僅限書儀方面，且一貫生活在北京，但是身為出生在西子湖畔的學者，我還是將此事當作對家鄉人民的奉獻。故接受邀請之後，我便暫時放下手邊的其他事務，一心收拾起「舊河山」，在我那些不多的論述中，選擇一些有特色和自己較為滿意的，組成三個專題，共十四篇小文，也算對家鄉父老有個交代。其中雖多是舊作，但有些原來只被編入會議或紀念文集，有些則是新近發表，因此亦可以算是本人繼二〇〇二年的《唐禮撮遺》和二〇一三年《敦煌書儀與禮法》之後關於書儀的第三本論著。謹以此獻給我的家鄉父老以及對絲路有著特殊關愛的人們，雖然很難說小書一定能跟上時代的步伐，但希望通過我們的共同努力，可以拉近歷史與現代的距離。

　　感謝為這本書出版提供支持和幫助的浙江大學出版社領導、責任編輯和劉進寶先生。

吳麗娛

2015 年 5 月於北京

地域文化研究叢書 · 敦煌文化研究叢刊　A0204010

禮俗之間——敦煌書儀散論　下冊

作　　者	吳麗娛	
版權策畫	李煥芹	
責任編輯	曾湘綾	
發 行 人	陳滿銘	
總 經 理	梁錦興	
總 編 輯	陳滿銘	
副總編輯	張晏瑞	
編 輯 所	萬卷樓圖書股份有限公司	
排　　版	菩薩蠻數位文化有限公司	
印　　刷	維中科技有限公司	
封面設計	菩薩蠻數位文化有限公司	

出　　版　昌明文化有限公司
桃園市龜山區中原街 32 號
電話　(02)23216565
發　　行　萬卷樓圖書股份有限公司
臺北市羅斯福路二段 41 號 6 樓之 3
電話　(02)23216565
傳真　(02)23218698
電郵　SERVICE@WANJUAN.COM.TW
大陸經銷
廈門外圖臺灣書店有限公司
電郵　JKB188@188.COM

ISBN 978-986-496-418-5
2019 年 3 月初版
定價：新臺幣 360 元

如何購買本書：

1. 轉帳購書，請透過以下帳戶
　合作金庫銀行　古亭分行
　戶名：萬卷樓圖書股份有限公司
　帳號：0877717092596
2. 網路購書，請透過萬卷樓網站
　網址 WWW.WANJUAN.COM.TW

大量購書，請直接聯繫我們，將有專人為您
服務。客服：(02)23216565 分機 610

如有缺頁、破損或裝訂錯誤，請寄回更換
版權所有·翻印必究
Copyright©2019 by WanJuanLou Books CO., Ltd.
All Right Reserved　　　　**Printed in Taiwan**

國家圖書館出版品預行編目資料

禮俗之間 ---- 敦煌書儀散論　下冊 / 吳麗娛
著.-- 初版.-- 桃園市：昌明文化出版；臺北
市：萬卷樓發行, 2019.03
　冊；　　公分
ISBN 978-986-496-418-5(下冊 ：平裝)

1.敦煌學

797.9　　　　　　　　　　108002989

本著作物經廈門墨客知識產權代理有限公司代理，由浙江大學出版社有限責任公司授權
萬卷樓圖書股份有限公司發行中文繁體字版版權。
本書為輔仁大學產學合作成果。　　　　　　　校對：林彥汝／圖書資訊學系四年級